雷海宗文集

雷海宗时论集

雷海宗 ——

著

天津出版传媒集团

天津人民出版社

图书在版编目 (CIP) 数据

雷海宗时论集 / 雷海宗著. -- 天津：天津人民出
版社, 2016.3
　（雷海宗文集）
　ISBN 978-7-201-10155-2

　Ⅰ . ①雷… Ⅱ . ①雷… Ⅲ . ①世界史–史评 Ⅳ .
①K107

中国版本图书馆 CIP 数据核字(2016)第 040755 号

雷海宗时论集
LEI HAIZHONG SHILUN JI

雷海宗 著

出　　　版　天津人民出版社
出 版 人　黄　沛
地　　　址　天津市和平区西康路 35 号康岳大厦
邮政编码　300051
邮购电话　（022）23332469
网　　　址　http://www.tjrmcbs.com
电子信箱　tjrmcbs@126.com

策　　　划　任　洁
责任编辑　任　洁
特约编辑　金晓芸
装帧设计　王　烨
责任校对　余艳艳

经　　　销　新华书店
开　　　本　880×1230 毫米　1/32
印　　　张　6.375
字　　　数　140 千字
版次印次　2016 年 3 月第 1 版　2016 年 3 月第 1 次印刷
定　　　价　50.00 元

版权所有　侵权必究
图书如出现印装质量问题,请致电联系调换（022-23332469）

目　录

如此世界，如何中国

　　世界大小六十余国，撇开法理与表面的名义不谈，专就实际而论，可以分为三类，就是强国、自保之国，与殖民地。强国为"力"的中心，其力的自然趋势为向外发展。殖民地为强国之"力"的发展对象，在法理上已成殖民地的区域不必说，连许多名义上仍有独立主权的国家实际也属于此类。自保之国介乎二者之间，其力勉强足以自保，不致成为他人的殖民地，同时也不能向外发展，不能自有殖民地。以上是就事理而言。具体的逐国推敲，任何一国都不是注定的要永久属于三类中的一类。强国可因内在的销蚀或外来的打击而成为自保之国，甚至降为殖民地。自保之国如果努力不辍而又善于利用机会，也可成为强国；相反的，当然也有堕为殖民地的可能。殖民地要改变自己的地位，比较困难，但如一方面奋斗不懈，一方面紧抓机会，有时也可跃为自保之国。各国间此种地位的蜕变与升降，就是国际政治的主题。由此立场去观察，是我们明了世界与认识中国的最简便的方法。

　　为更透彻地了解战后的今日世界，我们必须对于战前的世界先认识清楚。战前的强国或可称强国的有七个，就是所谓侵略主义的德意日三国与所谓爱好和平的英美苏法四国。其中法国的强国地位颇为勉强，法国实际上已成为介乎强国与自保国之间的一个灰色国家。德意两国合称轴心，有如连环，可以合观。德国在当时把握全部的中欧，西向威胁法国，东向威胁苏联。意大利于德国的支持之下，在欧洲向近东发展，占有阿尔巴尼亚，威胁希腊；在地中海与英法争斗，经地中海而达非洲，攫夺或威胁英法的殖民地或势力范围。中东也在轴心的侵略计划中，但直到欧战爆发的一九三九年，德意的力量尚未能有效地进入中东。

日本有大陆与海洋两方的侵略政策。在大陆上日本一面威胁苏联而未能得手，一面伸入中国，强占东北，分化内蒙，压迫华北。在海洋上日本一面向南洋扩充，一面在太平洋与美国抗衡。苏联此时大体仅能自保，东西两面受日德的威胁，时刻自危；但对中国则始终不肯放松，外蒙完全席卷以去，新疆也在掌握之中，只有多年垂涎的所谓北满不得不忍痛让与日本。

在西方，名为强国的法兰西岌岌堪危，东境受德国的包围，南境有意大利窥伺，海外虽有帝国，北非各地意大利时思染指，越南已被日本认为当然的侵略对象。英国仍是真正的强国，在大西洋上与美国维持平衡；地中海的大部属于英国，近东巴尔干为英国的防线；经地中海，出印度洋，控制中东遥领印度。在过去，英国的势力经印度洋而达中国，但到第二次大战之前英国在中国势力已大减色。

新大陆的美国，除稳制拉丁美洲外，在大西洋上保有西半的一部势力，在太平洋上与日本对立，东太平洋可以控制，西太平洋的优势属于日本。至于对中国，美国虽自四十年前就已积极注意，但任何可能的发展都因日本的拦阻而归于停顿。

战前的中国，在过去百年已是列强的公同殖民地，列强也始终不容中国彻底改变殖民地的地位。但自一九二六年北伐之后，中国极力的想要发展为自保之国，英国在中国的原有势力一部退出，美国最少在表面上势力仍不甚大，只有苏日两国对中国不肯表示死心。苏联为大局所限，当时的活动限于外蒙与新疆，日本则倾全力以对付整个的中国。列强对中国都无善意，但最忌中国脱离殖民地地位的则为日本，它自认为与中国势不两立，对于任何可致中国于完全独立自主的运动它必千方百计地阻挠破坏。国民革命军的北伐正是这样的一个运动，所以日本不惜于一九二七、一九二八年间两度出兵山东，不使革命军顺利北上。迨阻挠证明为无效，三年后而九一八事变爆发，又过六年而中国被迫发动全面抗战。中日间的大战可说是不可避免的，日本坚要中国永为殖民地，中国决心要进为自保的国家，最后只有用战争来决定中国命运的路线。

日本与德意的无限扩展政策，引起了中国八年，欧洲六年，太平洋四年的第二次大战。这次全球战争是国际局势的一大革命，战争结束之后，德意日三大强国等于消灭，或可说都已成为殖民地。三国都很少有再起的机会，德国今日的东西分裂可能成为永久的局面；意大利的实力消耗过重，除地势的冲要外，意大利已是一个无足轻重的国家。日本今日名为由盟国合同占领，实际乃由美国单独占领，此种一国独占之局即或非为永久，也必为长期无疑。日本将来可以作为工具，再主动的兴起为强国的可能甚难想象，连成为自保之国的机会也微乎其微。

战前的重要国家，在今日仍值得注意的，为美，苏，英，法，与中国，恰巧就是联合国安全理事会中的五个常任理事国。法国的地位已经明朗化，战前尚可保持强国的空名，今日法国只能说是一个自保之国，并且连自保的地位也有随时丧失的可能。共党一旦得势，法国或成为国际战场，或成为国际性的内战场所。反之，如果戴高乐一类的人上台，法国就必积极企图恢复强国的地位，最少要摆出十足的强国架子，结果东西两大对法国都不表示欢迎，如果处理不善，可能会有内乱发生，以致连今日的地位也不能保。

战后的英国，与法国所差无几。它优于法国的有两点：一，它没有严重的共产党问题，因而无论局面如何发展，它内部的统一性不致发生动摇；二，它有永远可靠的美国援助，美国最少要支持英国的自保地位，如可能时，它也希望大英帝国不要全部清算，而是在美唱英随之下维持一个笼罩全世的盎格罗萨克逊帝国。英美之间可以时常发生误会，但在根本政策上两国总是互视为兄弟之邦，这是今日与今后国际政治中的一个基本事实。也就是因为这个基本事实，英国好像仍是一个"力的中心"的强国。然而英国因元气消耗太甚，纵有美国的支持，也无力再维持太阳不落的大帝国，多数重要的地带英国或撤退，如印度半岛，或请美国全部或一部接防，如地中海与中东。大西洋更不必说，在欧战初期的一九四一年英国就已全部的转让给美国了。

苏联与美国为第二次大战中的孪生骄子，所谓盟国胜利云云，仅是一句空话，胜利的只有美苏两国。其他参战各国的流血流汗，劳民伤财，为谁辛苦为谁忙?就结果言，显然的都是为美国与苏联。各国都只有损失而无收获，或收获微不足道。美苏两国虽然也有损失，但收获之大不知要超过损失多少倍。战后的美国，除照旧控制整个的拉丁美洲外，接收了不列颠帝国的大部，接收了日本帝国的大部，包括日本本部在内，接收了纳粹帝国的一部，此外并无形间承袭了法国与荷兰的南洋帝国。整个的大西洋，整个的地中海，整个的近东与中东，都是美国的天下，太平洋与南洋也是清一色的美国世界。战后的苏联，接收了纳粹帝国的大部，就是东欧与中欧，只把西欧留给美国；又接收了日本帝国的一部，就是中国的东北与太平洋边缘的南库页岛与千岛群岛。此外苏联想要进入地中海，插足近东与中东，但都为美国所阻。在最后还有一个全新的地带成为美苏的争夺对象，就是北极圈内外的冰天雪地世界。因为飞机要走近路，因为世界的陆地、资源与人口集中北半球，因为恰巧苏联与美国(包括加拿大)在北极边上对立，所以北半球中心的北极地带就成了地中海与近东中东以外两强所最注意的争夺焦点。美国除自己领土的阿拉斯加外，在战时已捷足先登，进入哥林兰岛与冰岛。苏联方面，只有自己少数的岛屿可用，但重要性都远在美国所控各地之下。所以无论是在近东中东，或是北极圈上，苏联都是居于劣势的；只有在欧洲大陆，苏联稍稍占优势。

在英法仅能自保，美苏到处对立的今日世界，中国居于何种地位？中国与朝鲜，一向不可分，今日仍然如此；就世界性军略政略言，我们可视朝鲜为中国的一部。自日本投降以来，苏联除在外蒙与新疆势力仍旧且加强其控制力外，并代日本而进入东北与朝鲜北部。法理如何，表面如何，名义如何，全不相干；今日东北的大部与北纬三十八度以北的朝鲜全在苏联的控制之下。至于美国方面，既已握有太平洋，既已占有日本，又安能不进一步而迈上东亚大陆？朝鲜南部的有形进占不必说，今日整个中国的美国关系，也只能说是无所逃避的执拗事实。过去因有日本，美国无从具体地触及中国，所以只能与中国发生抽象的道义之交。因为这种道义之交曾有四五十年的历史，也就是说，因为今日每一个中国人或美国人都是在此种道义之交的空气中生长成人，所以在心理上多视此种空气为当然。然而此一时也，彼一时也，个人的希望，尤其弱者的希望，安能影响实际的国际政治？今日诚然已经没有像日本那样彰明较著的非制中国死命不可的侵略国，但同时也绝无人会善意地赞助推进中国自强自保的运动。我们最多只能希望，在我们自求上进时，没有再像日本那样的外力出来蛮横干涉。求人不如求己，在个人已经如此，在国家尤其如此。被日本中途打断的建国运动，我们若要继续完成，只有依靠自力。"自力更生"并非空的口号，而是我们求生的唯一途径。

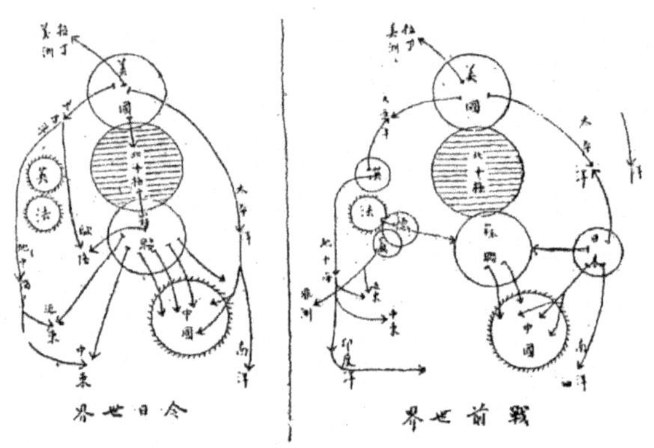

（注——附插图"战前世界"及"今日世界"，可与本文互相解释）

有人或者要问，我们若认真图强，安知没有第二个日本暗中干涉，安知没有第二个日本已在干涉?此事诚然无人敢武断地作答。但在以北极为中心的航空时代，中国占有一便宜，就是中国过度偏南，也就是说，中国的地位偏僻。今日强国所虎视眈眈的地带都在北纬四十度以北;只有中东，虽大部分在四十度以南，但因与近东及地中海密不可分，仍为大国所不肯放松。至于中国，除东北外，可说都在北纬四十度之南，所以别人对我们本可漠视;而别人不肯漠视，就是因为中国太大，唯恐中国真正统一强盛后不易对付。但我们只要真肯努力，同时又多抓外来的机会，别人对我们或者可以勉强放过，对于我们的图强运动不再暗中破坏，使我们能够成为一个足以自保的国家。世界如果不幸再有大战，中国唯一聪明的态度就是绝不参战，地位偏僻的中国本也无需参战，但这要假定中国的全部或大部已经统一安定;否则我们必将听人宰割，随人作战，最后无论孰胜孰败，中国都将消耗殆尽，濒于死亡。国际局面一张一弛，随时可以完全破裂，我们中国谋求自保的机会恐怕甚为短暂，只有全国人士痛下决心，紧抓机会，发展自力，方能应付未来的大难，中国才有永远自保的希望。

（原载《周论》创刊号，1948 年 1 月 16 日）

弱国外交与外交人才

真理不会害人，真理即或给人痛苦，那痛苦也是暂时的，最后的结果总归有益。十足的谬论也不会害人，因为任何人一见就知其为谬论，不致被它所诱惑。害人最甚的就是半真半假的冒牌真理，因为它容易使人认半真为全真，引人走入歧途，始终不悟。"弱国无外交"的成语，是有名的一条真伪参半的论断。

此语的反面就是"强国的外交必无阻碍，更无失败"。正反两面都与史实绝不相符。所谓弱国无外交，只是弱国人士的愤慨之辞，因为弱国若想在国际上大出风头，事事称心，当然是不可能的。但弱国若要维持自由与独立，却大有赖于外交手腕的灵活运用。反之，强国若一味地逞强，不讲求正常的外交，平时必不顺利，连武力取得的权益也未必能如意的把握。无论强国弱国，在一般的外交事务上，成功与失败大半要看外交人员的本领。有的外交，为任何人所不能办通。例如你若无故去向地位力量相等的邻邦要求割地，你的外交无论如何高明，也难以发生效力。反之，许多的例行公事，任何人都能办通。但这种公事，一个使馆馆员或外部录事即可胜任，并非真正的外交案件。介乎不可能的事与不相干的事之间，却有许多可办须办的事，事的成败就全在人为了。例如你要接洽借款，要请友邦作一种对你有利的投资，要为你的侨民取得额外的便利或权利，要想友邦作你与第三者交涉时的声援——诸如此类无可无不可的事项，友邦的肯否协助，一个大的关键就是你的外交部与驻外使馆负责人的人格、资望与本领。本可成功事，即或是强国，也可因外交人员的平庸而失败。本无把握的事，即或是弱国，也可因外交人员的超绝而收得效果。本可白白奉送的人情，也可因外交人员的不为友邦欢迎，而须经过种种的故意刁难之后，方才极不痛快的到手。

国与国之间的关系虽然复杂，但道理也同人与人之间的关系相类。一个人在社会上活动的成功与失败，或成就的大小，主要的当然是靠他的真正本领；但除非是入山修道，任何人也不能关起门来独自活动，一切的活动都直接或间接的与他人有关，并且需要他人的协助，最少需要他人的合作。一个本领有限的人，若对人应付得宜，也可收到中人以上的成就。一个本领超绝的人，若处世接物，到处见罪于人，也必左右碰壁，一事无成。国际之间的交往，何尝不是如此？两国间所发生的问题，大半可东可西，可左可右。实际到底为东为西，为左为右，双方外交家折冲时所运用的才能与手法是最大的决定因素。例如中国于民国成立之初，多年根本无外交政策可言，外交上的人才既然缺乏，所有的少数人才也无施展的机会与自由。先是对列强一味的谄媚，徒遭国际的轻视与玩弄。后来又一贯的倨傲，误认虚张声势为盛强，结果是四面树敌，在国际上陷于完全孤立无援之境而不自知。日本敢于发动"九一八"的袭击，这虽不是唯一的原因，却是很重要的一个原因。当时中国诚然是一个积弱之国，容易招侮。但日本的野心早可看出，田中奏折的秘密早已公开，若非对于外交的过于幼稚，也就早该设法防患于未然。若果在国际上多下功夫，后来的国难虽未必能全部避免，最少其发生时的严重性可因外交上的实际声援而减轻，恐怕是无可置疑的。

这一切都早已成为过去，不必追求责由谁负。今日以后的事，局面与前不同。今日国际上只剩了美苏两个强国，局势更显得紧张，从中应付更为困难。要想运用外交，必须在外交事务上有相当多的可用之才。过去我们向不注意外交人才的培植。自清末以来，我们的教育政策就以英文为第一外国语，按理我们最少对于英美两国应当不致感到困难。但若平心静气地考量一下，今日国内到底有几人可称为真正的"英国通"或"美国通"而无愧？对于英美尚且如此，对于他国更不必说了。派往某国的使节，对那国的文字、文学、哲学、历史、宗教、艺术、风俗、习惯，以致偏见与成见，尤其是偏见与成见，要能彻底地认识，最少要有认真学习的资格与能力方能胜任。使臣对于驻在国必须能够同情。心怀敌意的使臣，或秦人视越人式的使臣，或对驻在国文化的各方面根本没有了解能力的使臣，必定失败。外交上虽间或不免欺诈，但使臣若存心根本不正，却极少成功的希望。这也是人事上的一种奇特的矛盾。前些年法国驻英的一位大使，在他的使任期内，曾对英国中古史上的一个小题目下过功夫，最后写出一本至今被英人认为有学术价值的作品。这位大使非常成功，他的成功并不在那本著作的本身，而在那本著作所表现的态度。他是诚恳地要参透英国民族的精神的。一个使臣即或无此能力，最少也要有此志向和襟度，方有尽量完成使命的把握。

使臣必须具备上列的条件，才能对上中下三等人都可谈话，谈话而不隔膜，不外行，不贻笑大方。使臣必须如此，方能在驻在国交友。交友是使臣成功的一个必要条件。使臣对于驻在国的真正舆论必须详细明了。但真正的舆论，时常因忌讳，客气，故意的不客气，或其他的关系，而在报纸上不能见到。驻在国的朋友可以补救这个缺陷。使臣的消息来源必须丰富，除了秘密来源外，驻在国友人的谈话往往是意外消息的重要泉源。

欧美各国派驻中国的使节，多数不能达到此种标准。但我们却不能因此而认为也可照办。今日的国际政治与世界文化是以欧美为重心的，欧美外交人员昧于我们的情势，也要吃亏，但不致吃大亏。我们若昧于欧美的情势，在平时就不免要吃大亏，在非常时期就有招致意外祸患的危险。此种欧美为重心的局，在我们今日所能照顾得到的未来是不会改变的。这是历史发展的结果，莫可奈何，我们只有认清事实，承认事实。

最后还有一点心理的关系可以注意的，就是驻在国对于派遣国的看法，最少在政府人员与舆论界领袖方面，往往是以派遣国使臣的人格为标准。一人的一举一动，可辱国体，一言一行可为国家增光的，只有驻外的使臣。所以使臣的人选，应当特别注意人才主义。强国已当如此，不强的国更加如此。

（原载《周论》一卷二十一期，1948 年 6 月 4 日）

和平与太平

我们今天常讲"国际和平"，过去中国总说"天下太平"。这两个名词不能互换使用，如果说"国际太平"或"天下和平"，那在文字上与观念上是不通的。"和平"是一个相对的名词，相对的观念。和平有两个假定：假定有列国，假定有战争，和平只是列国两次战争间的中间时期。既有列国，必有国际政治、国交与外交。有国际政治，必有利益冲突，利益冲突迟早必要引起战争。战争是列国世界必不可免的现象，几乎可说是自然的现象。

"太平"是一个绝对的名词，绝对的观念。太平也有两个假定：假定世界统一，假定没有战争。过去中国称实际所知的世界为"天下"，在主观上"天下"就是整个的世界，所谓天下太平在主观上就是全世界的稳定安静，并且在理论上这个局面是永久的，战乱只是临时的与意外的变态现象。天下既已一家，当然没有国际战争；失调时可以发生内乱，但那只能说是美中的不足，不能影响"美"之根本为美。

人类历史，就大的政治轮廓言，只有两种类型，就是列国世界与大一统世界。先秦的中国，罗马独霸以前的地中海世界，今日的欧美，是我们知道较为清楚的三个列国时代。罗马帝国与秦汉以下的中国是两个有名的大一统世界。列国时代，战争为正常，和平只是旧战争后的休息时期与新战争前的准备时期。大一统时代，太平为正常，战乱只是脱离正轨的短期现象。今日的世界，实际包括整个地球的世界，是一个以欧美为中心的世界。欧美仍在列国，它把世界也组成一个大的列国；连当初自成大一统的中国，今日也不过是欧美列国中的一员。列国没有太平，没有太平的观念，所以也没有太平的名词，今日在欧美的各种文字中找不出一个相当于中文"太平"的名词。但第二次大战后的欧美人类，似乎已开始有大一统的模糊感觉，可能不久要有与"太平"意义相同的名词出现。但这是后话，暂且不必多加揣测，我们仍然继续讨论比较抽象的道理。

和平与太平，除了根本的性质不同外，时间上也有很大的差异。和平时期总是甚短，太平时期却可以很长。和平很少能够维持五十年的；两次大战之间，最多不过五十年，五十年间并且一定有几次小的战争，十年的完全和平在列国世界是不可得见的。就欧美言，过去每一个世纪间都有两次大战，如三十年战争(一六一八至一六四八年)，西班牙王位承继战争(一七〇一至一七一三年)，七年战争(一七五六至一七六三年)，拿破仑战争(一七九九至一八一五年)，统一战争(一八六一至一八七一年)，第一次大战(一九一四至一九一八年)。进入二十世纪后，大战的步调加紧，一九三九年第二次大战爆发，距离第一次大战的结束仅有二十一年，现在似乎是已有二十五年大战一次的趋势，将来是否更加急促，也很难说。至于太平，其长可抵和平的许多倍。西汉盛期二百年，其间大体是安定的。唐初有百年以上的太平，清朝的太平也超过百年。这是列国时代所绝不可得的现象。今后的欧美除非是意想不到的根本变质，在大一统未能实现前，必难免周期性的为战魔所困扰。

战争的必然性，来自利益的冲突，是人所共知的。此点无需多谈，学历史的人不必说，生在此时此世的每个人，每日所见所闻的，都是国与国间的摩擦与冲突，只要留心每日的新闻，对于国际利益冲突的道理就可看得清清楚楚。我们只推敲一下由和平进入战争的具体方式。

把和平世界引入战争漩涡的，就是均势制度。列国并立，没有一个安全，连最强的国家也不能有绝对的安全感。安全既有问题，各国自然求友；求友的自然结果，为国际间两大壁垒的对立。至此，友邦的事也成了自己的事，自己的事当然也是友邦的事。自己的事已够复杂，再兼管友邦的事，所以国际两大壁垒之间的空气总是紧张的，双方都时时刻刻准备兵戎相见。"武装和平"的一个名词非常恰当，那是列国和平的绝妙形容。和平是外表，武装是实际，迟早必有一个问题使两大壁垒火并。所谓国际均势，总不能"均"，因不均而不安，因不安而必战。就理性讲，这是愚不可及的事，因为战后还是不均，但就人性言，这是自然不过的事，因为各方都有侥幸之心。

虽然如此，每经一次大战，必有一个或长或短的追求和平的阶段，热心人士奔走号呼，希望战争能够绝迹，和平能够永久。连为政的人，无论是出于信仰，或出于投机，往往也口口声声的拥护和平。今日的事，距离太近，关系太亲切，我们撇开不谈，上溯第一次大战，我们的观察或者比较的容易超然。当时各国组织国际联盟，以消弭战争永保和平相号召。在具体的步骤方面，限制军备，主张裁兵，最后到一九二八年各国并签订巴黎非战公约，正式声明放弃战争，永不再用战争为国策的工具。但没有人对于这一套真正放心，表面的文章尽管去做，秘密外交与均势主义活动仍旧。由法国发动，组织包围德国的集团，要使德国永世不得翻身。一九二〇年，国联方才成立，法国就联比利时，希望西线安全；一九二一年以后，又联东欧的新兴小国，在东方包围德国。法国的集团引起意大利的反集团，一九二七年联匈牙利，七年后又联奥地利。到一九三四年，这就引起再反集团，就是希、土、罗、南四国签订的巴尔干公约。日愈复杂的国际政治，给了德国一个乘机再起的便利，不久就形成联德与反德的两大壁垒，五六年后就引起第二次大战。在历史的透视中，和平运动只是一种插曲，是战后人力疲乏的临时反应。临时的疲倦一过，新战争的酝酿又起，不出几年，就又来一次大放血。

未来的事我们不愿多加揣测，但有一点应当提出的，就是大国的数目今日极少，已少到不能再少的程度。今日能够单独作战的只有美苏两国，连英国都已丧失此种资格。若以往事为例，我们可以指明，在中国大一统实现的前夕，只剩了秦楚两大强国；在地中海世界的列国末期，只剩了罗马与迦太基一决雌雄。如此看来，以欧美为中心的今日世界，也已发展到列国时代的最后阶段。下一个阶段是否新的大一统与新的太平？谁敢肯定？谁敢否定？

（原载《观察》第一卷第九期，1946 年 10 月 26 日）

妇女·女权

　　自一九一〇年各国妇女界代表在丹麦京城举行妇女大会，争取平等权利，并议定国际妇女运动纪念日之后，每年今日(三月八日)，都为各国的前进妇女所热烈庆祝的节日。在当时，妇女运动尚未赢得传统社会的普遍同情，许多人仍然诚恳地相信，男女应当有别，认为两性能力不同，所以职责不同，因而与职责相关联的权利也不同。妇女运动者则认为这完全是男子压迫女子的自私自利说法，若在政治经济教育各方面给女子同等的机会与平等的权利，事实当可证明女子的能力与成就并不亚于男子。两种对立的说法都是理论，把理论付诸事实的考验的，是第一次大战。第一次大战也是第一次的全民战争，只靠男子动员还不够，至少一部分的女子也须动员，才能应付战争的需要。女子除了未曾手执武器直接参加战斗外，前方后方的一切工作，过去普通认为完全或主要的属于男子的工作，在人手缺乏的战时，女子都取代男子的地位，并且大体都能胜任愉快。事实最为雄辩，过去太严格的男女有别的说法，至此已经不攻自破，同时各国对于妇女的战时贡献，也都无不感激。在事实的证明与感激的督促之下，欧美各国在第一次大战后就都正式地承认了女权，除参政权的开放外，过去未实行或实行而不彻底的经济权与教育权也都给予妇女。唯一的重要例外是法国，法国妇女是到第二次大战后之一九四五年才获得参政权的。今日欧美各国，无论事实上如何，在法律上与机会上，两性是有同等的权利的。

　　至于中国，五十年来我们是一向在极力地追随近代潮流的，女权运动在清末已经开始，到"五四"以后很快地就为舆论所接受，认为已经不成问题。在抗战之前，这种公认的见解已经形成法律的明文，法条中清楚规定，男女经济平等，女子也享有财产继承权。在家庭中夫妻平等，组成家庭的婚姻也法定为男女个个都有自由。政治平等的制度更为清楚，在一切的选举、被选举与政府任命方面，都不再有男女之分。最后，还有教育的平等，所有男子禁地的一般学校，由幼稚园到大学，都开放门禁，女子都可自由入学。若有不平等的话，现在是对男子不平等，今日只有不收男生的女校，而没有不收女生的男校，当初的男校都已成为男女兼收的混合学校。所以讲法理，讲制度，我们中国女权方面是最进步的；今日世界尚有落在中国之后的国家，没有走在中国之前的国家。

但中国有一特点：就是这种进步的女权现状是妇女并未大争而就由国家立法规定的，其中也未经过像欧美各国妇女在第一次大战期间的事实考验。历史上的任何权利，都是由奋斗争来，或是由工作赢来，得来太易的权利往往是不知如何行使的。抗战前我们的制度尽管完善，然而乡妇对此不感兴趣，并且根本不知何谓女权，连城市中比较有知识的妇女，真能利用法定的女权的，也只是极小的少数。这种法律与事实脱节的现象，部分的已由八年的抗战加以补救。抗战之在中国，有如第一次大战之在欧美，对于妇女是一个考验，并且两次都是成功的考验。一向与男子并肩操作的乡妇，可以不论。城市的妇女，在抗战之前，愈与近代潮流接近，愈有成为有闲阶级的危险；虽或不是多数，但相当大的少数的中上阶级的城市妇女，往往只知享受近代妇女的权利，而未知善尽近代公民、主妇或职业者的义务。这或者是我们过度追随潮流与女权得来太易的结果。但这个一时的特殊现象，已都为八年抗战所打破，战前城市的中上家庭，大多成了最受经济压迫的家庭，过去有闲的贵妇都变成有忙的主妇，原来仆婢的责任都由主妇一人承当，有的主妇在管家育子之余，还在外担任半时甚至全时的职业，以给家用。因中国整个机构的不灵，在与战事直接有关方面虽未能动员女子，但一般城市妇女在后方维持社会的无形贡献，是此次抗战史上应当大书特书的一笔功劳账，战前立法的女权条文，中国的妇女已用八年的泪与汗证明为她们分所应得；假定战前没有此类条文，战后的今日也非加定这些条文不可。同时我们也相信，过去不知利用女权立法的妇女，在锻炼成熟的今后，也必能尽量利用。

最后还有一点值得提出，请大家注意的，就是在女权已为普世所公认的今日，所有的人，包括当初最激烈的妇女运动领袖在内，渐渐都知道过去的女权运动难免有矫枉过正之处。过去好似是凡属男子所作之事，每一个进步的女子也非去作不可。我们若把这话反过来讲，说凡属女子所作之事，每一个进步的男子也非去作不可，我们立刻就可看出那是如何的感情用事的见解。在机会平等之下，不分男女，每人各凭才力，各尽职分——这可说是今日文明世界的公认原则。在这个大原则下，许多旧的观念仍未陈旧。例如"贤妻良母"，本是新妇所最不要听的名词，但在今日女权运动最成功的两大强国，代表资本主义的美国与代表社会主义的苏联，都不约而同地推崇贤妻良母，苏联对于儿女众多管家优良的妇女，并有正式的奖励。真正讲来，人类文化的需要贤妻良母，也正如需要贤夫良父；作一个贤妻良母的困难，也不亚于作一个贤夫良父。歪曲的贤妻良母作不得，正常的贤妻良母是每个女子的责任，正如正常的贤夫良父是每个男子的责任一样。因生理的关系，贤妻良母可以成为专业，贤夫良父不必成为专业。这也不是说每个女子非专于贤良不可，一切皆可听机会、才力与兴趣的支配，不可懈怠，也不必强求。能够如此，恐怕是妇女运动的极境。

我们只闻有妇女节，而未闻有男子节，可见妇女节应当是一时的现象，而非永久的现象。妇女运动的终极目的，应当是不再需要妇女节。我们上面所讲妇女运动的极境，在任何国都尚未完全实现；一旦那个境界成为事实，我们每年三月八日将无需再努力于女权运动。愿国际妇女界谋求那一天的早日到临！

（原载《观察》第二卷第二期，1947 年 3 月 8 日）

理想与现实

　　五月下旬，国际间有两段消息，我们中国多数的报纸似乎都未登载。这两段消息，代表今日世界问题的阴阳两面，深值注意。我们简单叙述如下，作为本文的引言。

　　第一段消息来自旧金山，据谓华来士于五月二十三日提出弭止战争的一个计划，内容包括四点：(一)军事部分——包括一个可实行的世界性的原子能管制办法，军略地区的国际化，杀人武器的解除，及整个世界法西斯主义的最后肃清；(二)按照联合国宪章的原则，消弭希腊与中国的内战；(三)使不自由的人得到自由，使流离失所的人有家可归，增助世界性的人权法案的完成，最后希望能达到世界法律系统的目的；(四)经济部分——利用美国资源，在联合国的管理之下，推行一个全世界重建的十年计划。

　　第二段消息来自华盛顿：关于美国东大西洋及地中海舰队司令康纳利将军对于伊朗与土耳其两国首都的访问，路透社驻华府的采访主任兰金氏于五月二十五日发表显有所本的评述。据兰氏的报导，华府的官方人士相信，根据康纳利将军所采得的资料，美国对于希腊、土耳其，以及中东油区的美国生命线，可以拟定一个全新的军略计划，包括三点：(一)美国实际已等于与希腊、土耳其两国订立同盟条约，只要苏联的扩张政策一日不变，美国对此区域的责任也不会改变；(二)　中东区域为美国在战争时间所必需的石油来源，所以在任何情形下，也不能容它落在苏联的势力圈内；(三)国务院与军政部意见一致，认为鞑靼尼尔海峡为危险的焦点，该峡一旦遭受威胁，美国将不惜以武力抵抗。

上面两段消息的强烈对照，是再清楚不过的。华来士所发表的一套仁至义尽的建议，有一点可以注意，就是从头至尾所讲的都是"应当"如何，对于利害的关系撇开不谈，或只附带的论及。第二段消息与此相反，出发点是利害与力量，只讲实际"究是"如何，根本不问"应当"或"不应当"。本文的目的，不是要评判两种观点的孰是孰非，因为这个根本是无从评判的，我们叙述上面两段消息，目的只在举例，这两件事恰巧代表古今一切国际关系的两面：一面是人类的希望；一面是人世的现实。要明了国际关系的实况，必须两者兼顾，同时又须认清两者之间的界线，若把两者混为一谈，对于国际政治，以及一切政治，就永无了解的希望。

理想与现实，是人生的两种境界，有的人注重现实，有的人倾向理想，两人所处的实际是两个世界，在政治兴趣特别浓厚的今日，两个世界的分野格外的显得清楚。少数人想要同时处在两个世界，在理论上虽非绝不可能，在事实上可说是不可能的。宗教与哲学，以及各种高超的主义，都属于理想的世界。一切事业的经营，就事业而论事业，都是现实的。但人生最现实的，莫过政治：离开现实，根本无政治可言。就对内而言，政治，即或是历史上或今日最上乘的政治，也不过是勉强调和大多数人之间的兴趣矛盾与利益冲突；如能使矛盾不太严重，使冲突不表面化，就已是政治尽善尽美的境界。等而下之，就不必问了。就对外而言，只要有列国的局面存在，国际的政治必为尔诈我虞互相排挤的世界，诈虞排挤的最后结果总是战争，若极端地讲，甚至可说玉帛相将和平时期只不过是两段战争期间的休战状态而已；和平为疲乏后的养息，战争才是正常的状态。

撇开专为现实辩护的冒牌思想不谈，一切理想，无论为哲学的或宗教的，都不问现实如何，而要否定现实，化现实，超现实，打破眼前丑恶的世界，实现合人心意的世界。如中国先秦的道家，如今日西洋的自由主义者，不问事实认定人性至善至美，因被难以解释清楚的人生种种所蒙蔽而变为丑恶，只要去蔽还真，理想就可以实现，哲人的企望就可成为庸人的实在。理想家如只提倡理想，不积极的企求实现理想，还不致多逢烦恼。最可怜的是比较高尚的热中人士，抱有理想，同时又坚要用理想改变现实。先秦的儒墨两家都属此类，结果当然是整个的失败。墨家最后完全消灭。儒家到大一统的汉代为人主所利用，但至此早非孔孟荀之旧矣。今日西洋化的世界，又逢新的列国之世，滔滔者天下皆是，热中的新儒新墨多至不可胜数，最后的命运恐怕也不会大异于先秦的儒墨。若暂且不论救国救民甚至救世的大题目，专言个人的态度，我们究当何以自处?最重要的，恐怕是每人都要先有自知之明，知道自己是属于理想类型，或现实类型，是宗教家哲学家的质料，或事业家政治家的质料。历史上虽有两质兼备的人，但那是例外又例外的，普通的所谓才智之士都有一偏。一般讲来，理想不能渗入事业的领域，最多不过有时可作事业的护符与工具。事业的目的是成功，理想的目的是至善。普通的成功与至善无关，一切的至善都难成功。哲学与宗教为心灵上的永恒境界，不受现实的支配，就本质言，谈不到成功或失败。现实的力量可以迫害哲学家或宗教家，耶稣与苏格拉底都是牺牲于现实强力之下的理想家，但现实对于理想本身都无力伤害，耶稣的教义与苏氏的哲理至今仍为世人所推研不绝。但反过来讲，两位圣哲的主义，就主义本身言，从古至今向未影响现实的发展，现实既未因之改善，也未因之更为丑恶。政治的对内争夺与对外欺诈，古今相同，绝无二致。战争的频繁，今日与二千年前无异。人性的难测，今与古同。所不同的，是知道耶稣或苏格拉底的政治家，有时可多有一些响亮的名词供他们利用而已。

理想家与现实家所处的是两个世界。两个世界永远对立。理想家视现实家为不可救药，现实家视理想家为愚不可及，两者发生真正的接触或联系，可说是不可能的。有的哲学家可以提出"现实的就是理想的，理想的就是现实的"一类的口号，这只能说是莫可奈何的自慰自娱。又有的哲学家想象乌托邦，或置于远方，如培根的"新大西洋国"；或置于远古，如先秦诸子的种种托古思想；或悬诸未来，如韦尔斯的"彗星的时代"。这是聊自慰娱的另一种类型。此种思想最发达的，莫过中国，我们早在先秦时代就把这种说法人格化，提倡"内圣外王之道"。并且古往今来，不知有多少自以为"圣"的文人以此自评，虽然那仅是可怪的自欺；又不知有多少已经为"王"的当局以此自命，虽然那仅是夸大狂的表现。降至今日，中国虽然处处落后，只有在这一点上我们既可超迈前代，又可媲美西洋：我们今日所最不缺乏的人才，就是利用西洋新名词而提倡各形各类内圣外王之类的理想家。由此点言，中国文化可称为人类历史上思路最不清楚的一个文化。

既然如此，是否我们就可下一个人类无希望无前途的结论？却又不然。今日人类之所以异于一切其他动物或已经消灭的各种远古人类的，就是因为它有理想；除了现存的人类外，一切的有生之物都只有现实。理想与现实的冲突矛盾，就是人类历史人类文化的最大主题。最后的结果尽管是毫无结果，这种冲突矛盾的过程都正是历史文化的意义。将来人类的发展是否可以更上一层楼，不停滞在好似毫无结果的矛盾中？我们最少不妨如此希望。在此日未达到前，事业者只有发展事业，理想家只有发挥理想。只要不违本性，不强求己所不能，一个人或追理想，或求现实，都可成为推动历史的力量，在个人都是成功，如果违背本性而强求自己所不能，在个人为可悲的失败，在历史为可惜的浪费。苏格拉底的智慧的结晶，仍值得我们记取服膺："知道你自己！"

（原载《独立时论》第一集，独立时论出版社，1947 年）

国际和平展望

在名义上推进国际合作的联合国大会于九月下旬召开声中，国际间实际的空气已发展到胜利三年以来所未有的恶劣状态。巴力斯坦、朝鲜、希腊、印度半岛、东南亚、印尼，到处都是不能解决的问题，柏林问题尤其使人感到四面碰壁。苏联出席联大代表团团长维辛斯基氏所谓联合国似乎将要变成"不联合国"一语，恐怕是有任何色彩的人与根本无色彩的人都有同感的。与国际会议中乖戾气氛相配合的，有强国备战的消息。英伦遍国警备，已是传了一月以上的新闻。联大开会之初，伦敦广播又谓美国驻欧洲的舰队已接到有关最近将来任何可能危机的训令。苏联的作风不同，一向不对外宣布它的军事设施与军事计划，但我们可以相信，它必定也在作着万一的准备。这以上可说是代表强权政治的一面。

菲律宾代表在联大所作的呼吁，可代表弱小国家与一般人类的希望。他建议各弱小国家联合，成为第三力量，防止强国玩弄强权政治或走向战争，为人类解除战争的恐惧与毁灭的威胁。这位代表的呼吁，无人反对，问题是如何使这种呼吁发生效力。所谓第三力量，是否能够组织成功；即或真能组成，是否能够发生作用；即或发生作用，其作用将为推进和平，或只是添上了第三个作战力量——根据对于今日国际政治的判断，根据对于过去历史教训的认识，以上这些疑问都是自然地要发生的。我们生当今世，对身临其境的局势，因希望，因恐惧，因利益，因成见，往往不易得到清楚的认识。我们若采取超然的眼光，不专看今日，而把过去与现在混为一谈，等量齐观，或者可以不动感情，认识与判断也可比较的切合实际。

首先我们要认清的，就是"和平"是一个相对的名词，一个相对的观念，和平有两个假定：假定有列国，假定有战争，和平只是列国两次战争间的中间时期，既有列国，必有国际政治。有国际政治，必有利益冲突，利益冲突迟早必要引起战争。那也就等于说，国际政治一定是强权政治。战争是列国世界必不可免的现象，几乎可说是自然的现象。在列国并立之下，我们甚至可称战争为正常，和平只是旧战争后的休息时期与新战争前的准备时期。

把和平世界引入战争旋涡的，就是均势制度。列国并立，没有一国安全，连最强的国家也不能有绝对的安全感。安全既有问题，各国自然求友；求友的自然结果，为国际间两大壁垒的对立。至此，友邦的事也成了自己的事，自己的事当然也是友邦的事。自己的事已够复杂，再兼管友邦的事，所以国际两大壁垒之间的空气总是紧张的，双方都时时刻刻准备兵戎相见。"武装和平"的一个名词非常恰当，那是列国和平的绝妙形容。和平是外表，武装是实际，迟早必有一个问题使两大壁垒火并。所谓国际均势，总不能"均"，因不均而不安，因不安而必战。就理性讲，这是愚不可及的事，因为战后还是不均。但就人性言，这是自然不过的事，因为各方都有侥幸之心。

虽然如此，每经一次大战，必有一个或长或短的追求和平的阶段，热心人士奔走号呼，希望战争能够绝迹，和平能够永久。连为政的人，无论是出于信仰，或出于投机，往往也口口声声的拥护和平。今日的事，距离太近，关系太亲近，暂且撇开不谈。上溯第一次大战之后，当时各国组织国际联盟，以消弭战争永保和平相号召。在具体的步骤方面，限制军备，主张裁兵，最后到一九二八年各国签订巴黎非战公约，正式声明放弃战争，永不再用战争为国策的工具。但没有人对于这一套真正放心，表面的文章尽管去作，秘密外交与均势主义活动仍旧，由法国发动，组织包围德国的集团，要使德国永世不得翻身。一九二〇年，国联方才成立，法国就联比利时，希望西线安全；一九二一年以后，又联东欧的新兴小国，在东方包围德国。法国的集团引起意大利的反集团，一九二七年联匈牙利，七年后又联奥地利。到一九三四年，这就引起再反集团，就是希、土、罗、南四国签订的巴尔干公约。日愈复杂的国际政治，给了德国一个乘机再起的便利，不久就形成联德与反德的两大壁垒，五六年后就引起第二次大战。在历史的透视中，和平运动只是一种插曲，是战后人力疲乏心理疲乏的临时反应。临时的疲倦一过，新战争的酝酿又起，不出几年，就又来一次大放血。

未来的事，我们不愿多加揣测，但有一点与过去不同而应当提出的，就是大国的数目今日极少，已少到不能再少的程度。今日能够单独作战的只有美苏两国，连大英帝国也只能作配角，其他各国更不必说了。大国只剩下两个，那就等于说，任何即或暂时居中调停或中立缓冲的势力都已不再存在，已经没有任何可以称为"第三力量"的一种力量。两大短兵相接，国际局面当然显得特别紧张。这是今日与过去最大的差异。过去每次大战之后，人心还可作一个或长或短的和平梦，今日心中真正有此梦想的人恐怕举世也找不到几个。今日已经没有人问，和平能否永久维持，今日大家所要知道的只是这个朝不保夕的和平何时破裂。自十七世纪初到二十世纪初的三百年间，西洋世界平均每五十年发生一次普及全欧甚至普及全世界的大战。进入二十世纪后，大战的步调加紧，一九三九年第二次大战爆发，距离第一次大战仅仅二十一年的工夫。看目前的情形，今后的步调是否将要更加急促，无人敢肯定或否定。列国局面只要是一日存在，西洋世界，以致受拖累的整个世界，就一日难免为周期性的战魔所困扰。

（原载《天津民国日报》1948 年 10 月 11 日）

对港九，望英伦

　　九龙城问题近日的严重化，使中国全国人民惊讶惶惑，不知在世界各地久已勇于退却的英国，为何单独在中国如此的急于猛进。就拆屋本身而言，那直接牵涉到对于过去条约文字解释的问题，可说是一个文字与文法的问题，最多也不过是一个法理的问题，自有专家经由外交的途径去应付，我们不欲多谈，谈来也无大补于实际。最近的拆屋事件，不过是已经不幸的整个港九问题的一个更为不幸的表现，整个问题若不谋求合理的解决，拆屋问题即或完全满意的予以处理，问题主要的症结仍旧，随时可以引起有碍两国邦交的不幸事件。在第二次大战期间许多令人不快的回忆中，一个最不必需的不快回忆，及今想来，恐怕是一九四三年一月中英签订平等新约时英国的拒绝交还九龙租借地与退还香港征服地。在当时，英国政府或者仍如邱吉尔首相的想法，决意不肯"清算大英帝国"。但今日事实如何？我们时刻南望港九，同时我们也不禁的由港九再向外望，愿意以这一块"皇家殖民地"为起发点，看一看太阳不落的帝国的今日轮廓。我们颇感奇异的，就是由港九外望，在最远的水平线上也已看不到许多触人眼目的帝国痕迹！

　　由香港所在的南海西望，第一个引人注意的地带就是英国曾经统治六十年的缅甸，已在一个月以前由英国承认为独立国。再向西望，就是帝国皇冠上最大宝珠的印度，也已由英国容许组为两个自治领，有随时脱离帝国而独立的完全自由。再西为伊朗，帝国权益的大部似乎已让予美国。由伊朗而阿拉伯半岛，半岛上也已布满北美巨人的势力。再西就进入地中海，无论是在海上，或在海岸，如希腊、土耳其、巴力斯坦等地，英国都已全部或大部撤退，而由北美合众国接收防务。出地中海而达大西洋，就到了英伦本部，本部的经济防线似乎也已由大西洋对岸的国家接收，否则不列颠联合王国就有因贫血而致死的危险。总括以上所述，我们可以说一个自顾不暇的英国，由本部而达中国南海海岸，处处收缩，处处撤退，大话曾经说在前面，决不清算的大英帝国，今日所余尚待清算的地方已经无几！兴念及此，使我们百思不得其解的，就是为何单单在遥远的港九地方，不只毫无准备清算的表示，并且态度专横，政策积极，一若又返回到一百年前的鸦片战争时代。"鸦片战争"是英国人所最不愿听的名词，所以在英国人所写的书上都美其名为"第一次中国战争"。其实中国人何尝喜欢富于恶劣联想的"鸦片战争"？无奈一个无从视而不见的"香港皇家殖民地"，使中国人欲忘记"鸦片战争"而不可得。中国人总不能忘记，在日本人之先而对中国推行鸦片政策的是英国，最早强迫中国接受不平等条约的待遇的是英国，在整个十九世纪领导列强向中国施行压迫的是英国。对于这一切的痛苦回忆，既已经过第二次大战期间的两国并肩作战，凡属中国人，无不愿一笔勾销，另起新页。但英国人对此似乎并无同感，中国人自己所愿忘记的，英国人好像非要他们时刻想起不可。我们所愿知道的，就是英国最近如此的小题大作，声势逼人，究竟所为何事？是否要藉此向中国表示："莫妄想收回港九！"果真如此，请问保留港九有何用处，是否认为"高等华人"为人世间不可或缺的宝物，非留此培养此种宝物的一个最后地点不可？是否用意更为深远，认为中国今日混乱分裂的程度仍不够彻底，或仍无持久的把握，非在中国的卧榻之旁保有长久容纳制造分裂分子的一个实验室不可？

今日的英国如果仍是战前的英国，我们对于以上的种种疑问就可毫无犹豫的予以肯定的答复，并且感情上无论如何愤慨，理智上仍可承认那只是强权政治的自然表现，就无政府的国际社会而言，那也就不足为奇。但今日的英国显然的已大非十年前的英国，帝国大部已经清算不必说，战前在中国所尚保有的地位，在作战期间，不知是出于默契，或由于不可告人的秘密条约，似乎也都全部或大部拱手让人。所以我所极愿明了的，就是在英国种种的对外表现上，究竟还有多大成分可说是代表自己的独立国格；在九龙城拆屋时，所推行的究竟是否自己的政策。中国不竞，招此外侮，何敢怨天尤人？假定仍是太阳不落的帝国推行自我立场的传统政策，混乱分裂的中国又有何话可说？但是——如果是一个已无自由意志的破落帝国，迫不获已而代人受过，岂不大可哀怜！

（原载《周论》一卷二期，1948 年 1 月 23 日）

悼甘地，悲人世

印度圣雄，举世同钦，生时即被人奉为救主的甘地，在七十八岁的高龄，竟饮弹而死于自己的人之手，这是叫凡属人性未泯的人震悼悲痛，哑口无言的人世奇变。在甘地自己，可以说是求仁得仁，一生为崇高的理想奔走，早将生死置之度外，在祖国已经解放的今日而与世长辞，更可坦然瞑目。他虽是在仓促间遇狙而殁，但在临终的刹那仍能以手抚额，行印度礼，表示对于凶手的宽宥饶恕，这是十字架上为杀己的人祈祷祝福的最高表现，也是甘地人格深处平静似海，绝无丝毫假借的无上证明。此种人格，在古今中外都是不世出的奇迹，在任何时代都是人类的至宝，印度自己竟有人敢于下手，竟有人忍心下手把他伤害至死，此事的可悲、可痛与可鄙，不是人类语言所能形容。我们很难想象，今日世界任何其他伟人的死能像甘地的死这样打动人类的心弦。其他的伟人所代表的，或是暴力，或是强权，或是恨毒，或是阴谋，只有甘地是代表爱力，代表理性，代表温暖的。在举世都被恨，被力，被险诈的恶势力所笼罩，在人心感到深受恶的压迫以致不能喘息的今日，甘地的死更使我们感到损失的重大。耶稣宽释杀害他的人时曾说："他们不知道他们所作的是甚么。"这句话正可引用于刺杀甘地的人，这个凶手完全不了解，整个的世界是如何的需要甘地，至于印度自己的急需甘地，那更是不言而喻了。

印度解放而不能统一，是因为自己固有的弱点，尤其是因为固有的弱点，曾在长的时期被旧日的统治者尽量利用。印度之能获解放，很大部分是甘地之功，但今日的分裂却不是甘地之过，他人把阋墙的局面，万分巧妙地布置成熟之后，方才冠冕堂皇地宣布撤退，这是凡属印度人所当不难认识的。对于这种悲剧，唯一可能予以补救的就是甘地。旧日的恶果太深，甘地能否为力，都很成问题。但甘地一死，尤其如此的惨死，此事希望更为渺茫。这是所有善意的企望于印度的人，不禁为之同声一哭的。

甘地所代表的若只限于印度，我们的伤悼之情尚易自持。但甘地的理想是有世界性的。旧日的侵略势力不过代表强权，只能说是国际政治中不可避免的罪恶。今日的侵略势力是强权而又超过强权，并非不可避免的罪恶，而根本的出发点就是罪恶的。旧日实际的表现无论如何，在企望上仍是由爱力出发。今日压抑人心的恶势力，根本以恶为荣，以恨为无上的哲学，世界各国都已有了皈依这种唯恨主义的信徒。这是人类有史以来所未见的变局。人本由兽演化而出，向上的追求是使他超兽成人的推动力。人类过去无论如何罪恶，但最少尚有善恶是非的分辨能力，绝无像今日之以恶为荣的。为抵御这种人心恶化的趋势，不是仅靠法律实力所能胜任的，最需要的是不计利害，不畏强暴，人格为爱力所充满有如甘地的一类的圣者。然而旷观全世，今日尚有几个能够号召人心的圣者？是否尚能找到一个感人之力如此之深的圣者？

甘地的死，当为举世所同悲，但世间却有很重要的例外。凡是皈依恨的哲学的人，不论生在天南地北，无不视甘地为最大的仇敌，是较一般所谓实力者尤为可怕的仇敌，他们对于甘地的死，无论口头如何表示，心中无不欢欣庆幸，认为妨碍他们活动的一个最大阻力已经去掉。然而哲人的榜样，力量是不可捉摸的；甘地虽死，也正因甘地如此的死，我们相信闻风兴起的人必可遍世皆是，甘地的精神反倒更可永世长存！

（原载《周论》一卷四期，1948 年 2 月 6 日）

侵略定义

何谓侵略?过去的侵略现象,今后是否仍可发生?如果再有侵略,其方式是否会别出心裁,与往昔迥然不同?别出心裁的侵略方式,今日是否已经出现?今日是否可能,为侵略一词下一个有实用价值的定义?这一连串的问题,在真正强国已经减为两个的目前世界,恐怕是所有其他国家的人都急欲知道的,积弱混乱有如中国的一个国家对这些尤其关心。

侵略问题本甚简单,一般的侵略者或是明目张胆地向邻国用兵,或是制造非常幼稚的出兵口实,并不希望别人真正相信那些口实,实际也无人相信,大家只是公认制造口实为出兵前应当有的文章而已。侵略变成一种复杂的行动,口实使人不知为口实,或知为口实而无法点破,是第一次大战以后的新现象。始作俑者是日本,一九三一年的九一八事变,是第一次新式的侵略行为。日本偷偷地自炸铁路,强指为中国地方当局所为,以此为藉口而进占沈阳。此后侵略行为扩大,又宣称为剿匪。最后炸路剿匪的话都不再谈,简单了当地强占全部东北,制造满洲伪国。此后六年间,日本对中国不断侵略,所用的口实也日愈离奇。最后到一九三七年七月七日,日本在根本没有驻兵权利的宛平城外作军事演习,并制造藉口,说日兵一人入城失踪,引起炮轰宛平城的所谓卢沟桥事件。双方来往磋商后,日兵失踪的事也不再讲,日军乘机攻占平津,引起喋血八年的中日大战。

以上是日本的作风。德国的作风类似而不尽同。一九三八年春,希特勒要求奥地利政府准许在德国控制之下的奥国纳粹党人进入内阁,奥国的政府无形中成为傀儡,政府中的纳粹党人主张奥国并入德国，摇旗呐喊的纳粹走卒在各地煽动捣乱，不久德军开入奥境，吞并奥国。同年夏秋之际，德国又利用捷克斯拉夫境内少数德国血统的人的民族自决口号，占有捷克的国防要地。至此捷克门户洞开，次年春纳粹于是毫无藉口的吞并整个捷国。一九三九年纳粹又以波兰境内少数德人受压迫为辞，向波国采取高压政策。波兰虽表示情愿让步，也不生效，第二次欧洲大战于是爆发。

归纳上面的侵略经过，侵略者的入手方法似可分为四类：(一)利用或根本假造一个微不足道的事件，如炸路或兵士失踪之类，以此为敲门砖而攻占邻国的土地，待深入成功，事件扩大后，对当初的藉口就不再谈起，只以已经扩大的事件为解决的对象。(二)以邻国的情况危及自己的秩序，安全，或利益为辞而发动侵略，如日本在东北的所谓剿匪以免危及南满铁路的利益之类，待真正的目的达到后，把当初的说辞也就很方便的搁置一边。(三)以弱小邻国的人民乐意与自己合并而被自私或愚顽的政府阻止为辞，而进占邻国，如德国的并奥之类。此事从头至尾为纳粹以武力为后盾而玩弄虚玄。(四)以民族自决的大题目为藉口，鼓动邻国的少数民族要求"返回祖国"，再进一步而把邻国全部吞并，如纳粹的并捷攻波之类。民族自决本为崇高的理想，近年来竟被野心家用为侵略之资，这恐怕是过去许多为民族自决而奋斗的志士仁人所未梦想得到的一种发展。

以上种种，都是最近过去的新发展，近在十年前，那都是令人谈虎色变的奇异现象。但今日看来，那都是如何简单，如何天真，几乎可说是如何可笑的举动！我们很难相信，今后的野心家会再采取上面那一套办法去夺人家国。日本可怕，德国可怕，但它们无论如何可怕，那种可怕是可以捉摸的。它们都要流血，并且都是亲自出头露面，去流他人的血。今日的侵略者，不再攻人，而只攻心，利用邻国现成的弱点，制造社会的混乱，制造政治的纠纷，如可能时，也制造军事的对立，使邻国不成国家，以便任意操纵，最后最好是半自愿的傀儡政权出现，使邻国名存实亡。如机会便利，侵略者也可亲自采取直接行动，但主要的还是幕后活动，以宣传为武器而攻取邻国的人心，使邻国的人心对内分崩离析，对外崇拜备至，国不成国，随时可亡。今日世间的多数国家，或多或少都在遭受此种最难抵抗的威胁。今日世界的普遍不安，最少一部分是这种莫可名状的威胁所造成的。

如果勉强具体的讲，这种攻心术的新式侵略，主要的方法是搅乱是非，颠倒是非，歪曲事实，伪造事实，凡是足以增进邻国人民自信心的事实必极力掩盖，使人把它忘记，凡是足以激动怨望心里的事实必极力宣扬，使人终日忙于互相指摘，结果是互相抵消，永不成事。以今日的中国为例，我们以积弱之国而向第一等强国抗战八年的无上光荣，今日已无人谈起；而无人否认的各种弱点，一向就有的弱点，今日占满了全体国民的全部心灵，使一般人除了间或胡乱发泄一场外，根本丧失任何真正振作的能力。凡此一切，当然都有中国自己内在的种种因缘，但是若无侵略者从中利用，中国的人心绝不会像今日这样一面偏激有如脱缰之马，一面绝望有如丧家之犬。我们唯一的安慰，就是与我们同病相怜的国家遍世皆是！攻心的侵略方式在今日已是普遍全世的现象，很少国家能得幸免。过去在国际联盟，还有许多人想要为"侵略"一词下一个清楚的定义，那正足证明侵略仍是奇特的现象。今日侵略普遍到一个程度，使人不知如何解释，因为一般人都在受外力侵略而不自知，欲下定义，殊不可能。如果原子弹是一个随时可以毁灭整个人类血肉之躯的一种恶力，攻心侵略术今日已在开始毁灭人类的心灵，今日普世人心的恶化是史无前例的，除非侵略者彻底反悔，或被侵略者彻底觉醒，我们很难想象人类能有若何值得向往的前途！

（原载《周论》一卷四期，1948 年 2 月 6 日）

宣传与国策

　　日前行政院新闻局某负责人，在一个半公开的，非正式的场合中，提到美国新闻处在中国所散布的美国报纸对中国的评论，认为其中专门强调对中国不利的言论，而把对中国有利的言论忽略或冲谈。此事为耳目众多的美国大使馆所知，馆中的发言人作了一个简单的说明，其主要的一点谓新闻处的资料乃由美国国务院编订发出，新闻处只负在华传播之责，对其内容不负任何责任。这个说明非常诚恳，所谓的也完全是事实。美国新闻处是美国国务院的一个附属机关，当然全由国务院支配，对此我们无话可说。至于国务院愿意一般中国人对于美国舆论得到何种的印象，因而无形间影响一般中国人对于自己的国家与自己的政府的态度与看法，那当然是以美国的国策为出发点，新闻资料既不会毫无计划地乱发，也不会毫无选择的实发，在"乱发"与"实发"之间一定有一个预定的标准。标准何在，那是美国国务院的一个秘密，我们不愿乱加猜测，我们只就一般所知，谈一谈宣传的道理，看一看美国宣传的技术。

　　在理论上，宣传可以有两极端。一种宣传可把事实，全部事实，不夹杂任何虚伪成分的事实，和盘托出，希望收得"事实胜于雄辩"的效果。另一种宣传可以完全相反，把事实全部掩盖或全部曲解，发表的全为谎言或真伪夹杂而等于谎言的歪理。这两极端的宣传方法实际都不可能，前一种等于理想的教育，不能望之于政治生活，更不能望之于尔诈我虞的国际政治。后一种过度幼稚，以为人尽可欺，势必完全失败。林肯曾说过一句名言："你可短期间蒙蔽所有的人，你也可永久地蒙蔽一部的人，但是你不能永久地蒙蔽所有的人。"对于宣传有穷，这是最佳的说明。过去的日本与德国，宣传技术低劣，曲解与谎言太多，虽未达到第二极端的程度，但相差已不甚远，在德日最后失败的种种原因中，这恐怕也是一个值得注意的原因。今日世界各地的极权国家，也热心于此种拙劣的宣传，然而其虚伪洞若观火，除了成见太深或甘心受骗的人以外，无人对它重视。美国的宣传绝不属于此类，所以收效宏大，所以值得我们细心研究，彻底了解，多方防备。

以上面所提的"事实，全部事实，不夹杂的事实"为标准，美国的宣传一方面可说是事实相当的多，一方面可说谎言几乎没有，夹杂的情形间或有，但也不多见，关键所在就是它并非"全部事实"，这也是它的最可怕处。因为它没有谎言，因为它很少夹杂，所以你很难具体地指出它的破绽或抓住它的弱点；逐条逐句的推敲，可说都是"事实"，你又有何话可说？已有成见的人不必讲，连知识较高而又自以为客观的人，心中若不多转几道弯，又安能逃避对于美国宣传整个吞下的命运？然而我们若稍加思索，就不难明了，在事实的领域之内，你知道的事实重要，你不知道的事实可能同样重要，甚至更为重要。在某种情形之下，对于某一重大问题，你如果长期的只知道一方面的事实，而不知道另一方面的事实，你对于整个问题不知不觉间就要发生错觉，制造这种错觉的是"事实"，但在功用上这些"事实"与"谎言"无异。一堵一面白色一面黑色的墙，你如果永远站在黑的一面而断定整个的墙为黑色，岂不是判断错误？若依此错误的判断而采取行动，岂不会引起更大的错误？

美国新闻处在中国所推行的当然是美国的国策，它万无替中国推行国策之理。它的好恶当然是美国的好恶，它所希望的是这些也成为一般中国人的好恶。至于它的希望能否实现，那就要看一般中国人如何了。我们如果在国力衰弱之外，再加上心力衰弱，自无主见，以他人之心为心，又何能多怪他人？反之，如果根本的自我立场坚定不移，外来的巧语又奈我何？在宣传的技术日愈精妙的今日，必须发展高度的警觉，才不愧为一个现代的国民！

（原载《周论》一卷五期，1948 年 2 月 13 日）

政治的学习

民主政治是今日政治的主流，每一个人对于民主政治都当设法有比较切实的认识。我们都知道，在大国中，英美是两个民主国家。另外，在欧洲大陆，有几个较小的国家，或多或少的也已经实现民主政治。我们现在，根据这几个已有历史根底，并且今日仍把民主政治维持不坠的国家的实际情势，对于实际民主政治的特色，试作一个概括的叙述与说明。

第一，先讲民主政治与人民程度的关系。要实行民主，人民知识的水准必须相当的高，并且相当的整齐。知识较高与整齐，不一定就能实现民主，维新之后的日本是一个很显明的例证。但人民若知识程度太低或太高低不齐，民主政治就难以谈起。我们无论研究过去的历史，或观察今日的世界，都能发现人民程度高而政治仍然专制的例，却不能发现人民程度低而政治真正民主的例。在人民程度低的情形下，政治若名为民主，即或不完全是空有其表，也必很不彻底。这或者是许多人所不愿听的话。但事实终是事实，我们愿听与否，并不能修改事实。谈到民主政治，这是第一点我们须要认识的。

但所谓知识，并非专指识字而言。读书识字当然必需，但全体人民都能识字，只是一个起码的条件，并不是一个充足的条件。在宣传已经成为专门技术的今日，我们很可想象，一个人因为识字，反倒更容易接受违反事实或歪曲事实的宣传，太天真的看一切白纸黑字的宣传品为千真万确的事实。一个文盲，反倒没有这种危险。我们并不是反对识字，而只是说，识字还不够，在识字之外，一般人民必须有切实的知识，有自由判断的能力，有辨别是非的训练。必须如此，一个人才算是一个民主国家的公民；否则即或一切的外表与名义都是民主的，那个国家的实际情形也必与民主政治毫不相干。

第二，可讲民主政治与人民修养的关系。知识是理智的问题，可以学习。修养是作人态度与整个人格的问题，不是由书本中可以学来的，必须由日常的处世为人与实际经验中练习得来。比起知识，这是一个不可捉摸的条件。也正因如此，它比知识或者还要重要。在过去与今日，有许多知识程度相当高的民族而不能实行民主政治，根本的原因或者就是修养有缺。简言之，民主政治所需要的人格修养，就是心地开阔，互相容忍，每个人都能尊重他人不同的意见与主张。凡是以自己为绝对的是，看别人为绝对的非的人，他即或终日民主不离口实际却是一个极权主义者，与古今的专制帝王及各形各色的独裁者是同类的人。此种人只在自己势力小的时候才讲民主，一旦得势，极权的原形立刻毕露。我们所谓容忍别人，并不是说对于自己的主张缺乏信心，而是说每个人都当承认政治问题以及一切人世问题的复杂性，任何人都必有所偏，都只能认识真理的一面，没有人能认识全面。这是民主政治的根本态度，无此态度的民族必不能实行民主政治。我们应当自问，中国民族是否有此态度。若有，当然很好。若没有，由今日起，就必须好好的练习，好好的互相勉励。

第三，可讲民主政治的方法。民主的方法就是妥协，在互相让步下求一切问题的解决。这与上面所讲的容忍态度，密切相关。因为态度容忍，所以在方法上力求妥协。西方有一句名言说："政治为实现可能的事的一种艺术。"这句话深堪玩味，特别可以作为民主政治的注脚。既然对于任何重大问题都难求各方意见的完全一致，而重大问题又非解决不可，最合理的想法就是在互相妥协，互相让步下求解决。在讨论的进行中，各方都不妨尽所欲言，但同时也要大大方方地接受异己之见的可以采纳之点。只有如此，一个问题才能面面顾到，最后的方案才是在客观上最合理的方案。而不是在主观上满足任何一偏之见的方案。坚持己见，是不可能的。调和异见，是可能的。为这种可能的事求得最合理最满意的办法，就是最高的政治艺术。

以上是由抽象的原则方面来讲民主政治的方法。具体地讲，实现民主的妥协政治，要靠代议制度。人民不能每人直接参政，必须有代议制，议会就是民主政治具体实施的场所。议会政治是一种政党政治，正常的情形是一党代表人民在朝主政，其他各党代替人民在野监政。两者缺一不可，缺一就不是民主。在朝主政固非容易，在野监政也不是一件很易胜任的事。在一个民主国家，从事政治的人不只能够主政，并且也要练习真能代替人民监政。

第四，讲到民主政治的根本性质。民主政治是一种变的政治，变而不乱的政治；换言之，就是一种和平革命的政治。按宪法，美国每四年大选一次，英国每五年大选一次；论者常说，美国每四年，英国每五年，要经过一次不流血的革命。因为每次大选，各政党各自提出政纲，向人民说明，请人民选择，人民多数所拥护的一党就上台执行自己的政纲。历史上所谓革命，不过是对现状不满的人用武力推翻现状，另成立一种新的现状。这在没有民主方式的国家，在积久不满之后，是不可避免的。在民主国家，经常的给人民一种改变现状的机会，所以民主国家是时常在变的。但是变而不乱，是用和平的、合法的方式，按部就班的去改变。这恐怕是民主政治最可宝贵的地方。

我们都要民主，但要民主并非就可以民主，民主政治并不是呼之即来的。"要民主"只是"可以民主"的初步,前面的路途还远得很。但行远自迩,我们只要虚心学习,终有达到目的的一天。今年是我们的行宪年,也就是我们开始学习民主之年,以上根据西方少数民主国家长期的经验,略述民主政治的特点,谨与国人共勉!

（原载《周论》创刊号,1948 年 1 月 16 日）

望农林部早日起程

最近农林部鉴于蒙古新疆大沙漠的逐渐南侵，为保证西北各省，不使变为沙漠的世界，已经规划沿着大沙漠的东南边缘，即辽宁、热河、察哈尔、绥远、陕西、甘肃、宁夏、青海，八省的北部，连造长达一万二千里，宽达十里的防沙长城林带一条。计划中的林带分东西两段，东段因大局不定，暂时不能进行，现已决定先从西段作起，并已简派阎寿乔氏为甘肃段防沙林总场场长，阎氏于二月二十八日飞抵兰州，正在准备开始工作。

在烽火漫天的今日，国人恐怕很少注意到这段消息，然而此事若果实现，其重要性将还在引人注目的许多大字标题的事件之上。今日一谈起西北各省，在一般人心目中所引起的是一幅雨量缺乏生产萎缩的半沙漠景象，无意中好似承认这是天然景象，非人力所可奈何。大地之上是否有超乎人力所可挽回的变化，使沙漠一步一步地向南移动，是地学家尚不敢遽下断语的一个问题。专就中国西北各省的情形而论，今日的枯干景象是最近一千年间的一种发展，并且人为的因素对于此种发展最少要负大部的责任。关中之地，由西周以至隋唐，前后两千年间，为中国的政治重心所在，文化的地位虽有时较差，但大体也可与中原媲美。"沃野千里"是战国盛唐间对于关中的一致考语，古代西北的政治文化地位绝不是建于半沙漠状态的基础之上的。中国最早的高等文化虽然起于中原，不久姬周发祥西北，代殷商而控制天下。周衰东迁，秦人占有西周旧地，最后吞并六国，统一宇内。嬴秦西汉的大一统帝国，始终建都西北，以制东达朝鲜南近赤道的复杂局面。东汉迁都中原，自始即不振作，漠视西北，种下日后五胡乱华的祸根。胡蹄南下，中国大乱，南北分裂，长达三百年之久，最后再度统一天下的仍是建都长安的隋朝。隋虽短命，继起唐朝仍是一个重心在西北的势力，维持中国，前后又是三个世纪。由周兴到唐亡，长逾二千年，中国可说始终是一个实力在西北的中国，即或没有历史明文的记载，我们也可毫无犹豫地推断，当时的西北绝不是今日的西北。

西北的没落，始自五代，五个小朝廷都是中原的朝廷。北宋建都开封，元明满清建都燕京，无论是内地汉人自建的朝代，或游牧边民入主中国的朝代，无人再肯严重地考虑建都西北。这绝非出于偶然，万无偶然的现象而前后延续千年之理。其实西北的贫弱，到唐的晚期已经开始，当时东北的所谓河北三镇日愈盛强，势力凌驾朝廷之上，这与其说是东北盛强，不如说是西北没落，东北并未较从前强了许多，只是西北大不如前而已。西北如何竟致此种地步？简单一句话，是吃了我们自古以来"靠天吃饭"的文化作风的大亏。华北原野，向非森林地带，但沿山依河之地，洪荒时代的林木甚为可观，可以影响气候，可以调剂雨量，可以防止洪水，可以使农民有比较可靠的丰富收获。然而对于国脉民命所寄托的些微林木，人民不知爱惜，国家不知培养，自然在长期间所生成的树木，人力在短期间毫无计划地砍伐殆尽。早在二千二百年前，孟子在谈人性善恶时，已经附带的注意到此种现象，并曾发生无限的慨叹：

牛山之木尝美矣，以其郊于大国也，斧斤伐之，可以为美乎？是其日夜之所息，雨露之所润，非无萌蘖之生焉，牛羊又从而牧之，是以若彼濯濯也。人见其濯濯也，以为未尝有材焉，此岂山之性也哉？

好一句"此岂山之性也哉"！孟子并非一天到晚专谈仁义的空想家，他对于自然环境甚为注意，并且观察得相当清楚。他所讲的是山林较多的齐鲁境内的情形，齐鲁尚且如此，林木较少的地带可想而知。内地的山成为童山，其恶劣的后果尚不明显，靠近沙漠的西北之地，山木一尽，等于是邀请流沙南移。想到我们历来的只知砍伐，不知培养，使我们不尽惊讶，西北的政治重心地位何以竟能维持到唐朝，它早就该枯缩到今日的境地了！今日西北的山上岂止无树，有的山上连草也已不再生长。夏秋之间把草割掉，冬季无草可割，贫民挖掘草根，以应目前急需，春雨一来，将山面的一层薄土冲没以去，山石外露，此山从此就注定的万古要作童山了！我们几千年来，如此无情地虐待自然，今日国家的贫困景况，安能说不是罪有应得？今日而谈防沙造林，已嫌太晚。但无论如何的晚，远比始终不作为强，唯愿农林部坐言之后，赶快认真的起行。东北边一时无从着手，只有暂缓，实际东北边的造林需要也不似西北边的迫切，西北边必须及早抢救。我们不能希望西北短期间恢复古代"沃野千里"的形势，但最少与日俱增的沙漠化的趋势可以阻止，阻止成功之后，可再徐图挽救恢复之道。

无情地砍伐林木，本是一个全国性的悲剧，西北的情形只不过最为严重而已。以富饶温湿见称的江南之地，也往往是同样的遍山无木。据本月八日南京消息，农林部已经拟定首都造林六百万株的计划，并已开始实施，把全市分为四区，第一区青龙山，第二区幕府山，第三区八卦洲及七里洲，第四区其他宜于植林的各荒山。每区每日用难民二百人，以工代赈，限本月底种植完成。在近水楼台的首都，此事当可按照计划实现无疑。但我们深望在观瞻所系的首都与迫不及待的西北以外，农林部要尽可能的拟定实施一个全国造林的计划。不必说北方与江南，连地近热带的云南，除边荒的区域外，也已感到林荒。例如昆明区，有所谓前山后山之说，据当地父老言，当他们青年时，较近的前山仍是昆明区木炭供应的来源，然而今日前山大部已平，木炭主要的不得不靠后山接济。在全国各省中发现最晚的云南，已呈此种景象，能不令人惊心？一般人往往视农林部为闲散机关，其实大谬不然。"农"的部分不必说，"林"的部分可作的事不知有多少，哪里谈到闲散？

烽火漫天的当中而谈造林，有人或要认为不切实际，岂知这正是最实际的问题。"安不忘危"的一句成语，反过来讲，也同样的正确，我们处在目前的乱世，也当有"危不忘安"的抱负。战乱的消息无论如何的强人注意，与民族长久生命密切攸关的问题仍是重要的问题。过度注视近在目前的形象，可使人发生错觉，大小轻重的观念因而丧失平衡。今日人心的苦闷，最少一部分是由于被眼前的一切塞满所致。如能忘我忘身，高瞻远瞩，自然可以恢复透视力，不致再为近眼的一切所局限。从前歌德每遇环境过度混乱时，就故意的勉强自己去研究一个抽象的科学问题或一个不相干的历史问题。这并非逃避现实，而正是追求现实，因为只有不动感情不关意念的超然问题，能使人透视清晰，认识现实。歌德绝无逃避现实的嫌疑，他如此作法，使他对于现实的了解力高于常人，因而控制现实。国家民族虽非个人可比，根本的道理仍然相同。我们如果少作以个人利害为出发点的自怜自叹，多作为国家为后世的长远打算，不仅国家民族大受其益，连我们自己也可收到头脑清醒心地坦然的报酬。

（原载《周论》一卷十期，1948 年 3 月 19 日）

对国民大会献言

　　首届国民大会的第一次会议即将召开，此次会议的主要任务为选举总统副总统，成立新的政府，此外是否能有其他的重要表现，事前尚很难说。但国事紧急，世局逼人，国人多有惶惶不可终日之感，首届的国大必须认真地有所作为，方能收拾人心，扭转大局。大选无论如何重要，只是一时的作为，国大的长久责任与根本责任是代表全体人民襄赞政府，督促政府，批评政府，指摘政府。襄赞有它的地位，督促也属必需，但作为人民的喉舌，批评政府的错误，指摘政府的弱点，在一切有关国家的事务上知无不言，言无不尽，那才是人民所付托于国大的核心使命。在过去，因为没有代表人民监督政府的正式机关，在许多重大问题上政府往往考虑不周，动作或失之操切，或失之迟缓，铸成大错而不自知，或虽知而已难补救，国家民族不知吃了多少不必需的大亏。此种现象，今后不能再容发生；若再发生，政府中人不能逃责，国大代表也将无从辞咎。我们仅就观感所及，举出两端，献与国大诸公，供作今后监督政府的参考。

　　第一，明是非。是非不明，今日已达极点，这恐怕是人心萎靡不振的最根本的原因。"官吏贪污，政治无能"，这已是喊的人喊疲，听的人听疲的呼声。凡属头脑清醒的人，都知道此种呼声，无论是出诸国内，或来自国外的，尤其是来自国外时，往往是别有作用；任何人都知道，多数的官吏是清白自守的，是努力从公的，绝无贪污或无能的嫌疑。但我们必须承认，贪污与无能是确有其事，并且程度相当严重，严重到叫一般国人难再忍受的地步。别有作用的渲染，我们仅可指明攻击，但自我批评，自我检讨，自我改革，在今日已是刻不容缓的要图。在抗战时期，还有一二地位较高，靠山较硬的贪官遭受严峻的处分；胜利以来，这已成了不可想象的事。发国难财的人，尚有的在国法前丧生，但何曾听到一个声势赫赫的发复员财的人受过国法的制裁？日本人所留给我们可以作为工业化的基础的一个工厂网，已在复员大员的接受之下烟消云散，连许多私人的财产也连带遭殃，公私搅在一起，大量的流入接收者的私囊，至今没有下落。这是就接收中的"贪污"而言，尤其令人愤慨的是接收中的"无能"：敌人所建设的一个整个体系，接收者把它割裂支离，未入贪污者的腰包的部分也被一批愚不可及的无能者破坏殆尽。想到百年良机的平白错过，能不令人痛哭而长叹息！对于这些可怜的无能者，或者不便苛责，但最少今后不当再委以重任。至于那些贪污者，于情于法，都在不赦之列，不仅对于本人要尽法以绳，连当初推荐他们或任用他们的人也当连带负责。政府在过去纵容姑息，国大如果称职，如果尽责，如果对国人真有交代，就必须彻底澄清，不顾情面，不畏权贵，尽可能的向大头下手，必须责成新的政府严惩贪污，小来头的人可以从宽发落，大来头的人必须不惜当为"杀一警百"的对象。制度的更革，新政的创立，都很好，但都缓不济急；若欲挽回人心，非重治贪污不可。好话已经说尽，任何的好话今后也已听不入耳，只有不打折扣的行动能使丧失反应的人心再度振奋。物穷则变，今日已到非变不可的时候，任何近乎作文章的变都不会再发生效力，要变就必须脚踏实地地变。必须如此，埋没已久的是非才能重见天日，国家大势才能真有转机。这是国民大会所须坚持不放的第一要义。

第二，知独立。上面所讲的是对内的问题，现在要谈一谈对外的根本立场。我们弱，我们穷，又加上十年来不停地对外作战与内部战乱，使我们有心无力，在许多方面对国际强有力者不能不低头。但低头与作尾巴不同，作尾巴是受制于人的表示，低头是待机而动的态度；前者是被动的，后者是主动的。一心一意要毁灭我们民族与文化的国际势力，我们当然要誓死反抗。但千方百计要抓我们就范的国际势力，我们也不能就认为恩人。大势所迫，我们在国际上或者不能不站在一边，但这并非我们就可死在所站的一边之谓！一个国家尽管贫弱，但立国的最低立场却不能放弃；有的侮辱，有的逼迫，是在任何情形下也不能接受的。例如雅尔达秘密协定，本是强有力者所唱的双簧，压迫我们非跟着去唱不可。但试想，在全球战争尚未结束，德日两大强敌仍然拼死作战的当中，以盟国自居的国家是否能用武力强迫我们接受条件，政府诸公，尤其直接负责外交的几位要人，究是受了何种的麻醉，而轻易接受这种使十四年的抗日完全丧失意义的国际阴谋？压力如果太大，我们为何不敢把秘密公诸全世？在当时各盟国的，尤其英美两国的舆论，绝无承认此种最可耻的卖友行动的可能，也绝无因此而容许他们的政府背弃中国的可能。其实何需真正宣布秘密？我们只要微露此意，英美就非马上打退堂鼓不可。即或退一步想，我们接受如此重大的牺牲，究竟从慷他人之慨者的口中与手中获得如何的确切保障？及今看来，我们是一点保障也未要求，只是仁至义尽地为"盟友"牺牲，请问这是出于何经何典的外交！

一个国际阴谋的教训还不够清楚，继之而来的第二个国际阴谋我们又囫囵吞枣的一口咽下。主要的代表国际阴谋，仅是附带的代表国内阴谋的政治协商会议，我们竟又不能察觉，把别人的甜言蜜语当作肺腑之谈，把别人的黄金钓饵当作真可到口的养生补品。而实际所收获的，是人心分裂，军心涣散，混乱是非的宣传弥漫全国，不要国家的武力乘机坐大。等到混乱、分裂与对立的局面已经发展到最适当的地步时，渔翁把金饵收得影信无踪，准备反身报命。但渔翁善于作戏，在反身之前，仍然对着你的脸把你痛骂一顿，口头所骂的是"顽固""反动"，心里所骂的是"可怜""蠢货"；面部的表情是失败的愤怒，内心的情境是胜利后的微笑。然而国内有几人已经看出愤怒背后所藏的微笑，一年以来日愈显明的发展是否仍然不足使外交当局认识这个世间最可怕的微笑？

可能真是仍不认识，一直到如今，我们的尾巴主义仍然是神气十足。例如对于几个月前发生政变的暹罗，我们第一所要考虑的应当是寄人篱下的华侨的利益与安全，只要事实证明新的政权稳定，我们就该不问别人如何，自己率先对它承认。此种对己有利，对人无损的行动，我们为何竟不敢作？为何必须等到最近，别人已决定承认之后，我们才敢表示承认新政权？连在这一点小事上，我们都无独立自主的立场，请问我们是否已经决定以身作则，自动地放弃主权，以求大同世界的早日实现？国无实力，办外交本是最难最苦的差事，头脑冷静的人无不对我们这个贫弱国家的外交当局深表同情。但实际的困难是一事，因气馁而自己制造的困难另是一事。如果更进一步，纯因认识不清而举措失当，误国之罪实属难辞。外交人员必须早日摆脱"好好先生"的作风，此种作风在私人的关系上已经不足为训，在尔诈我虞的国际社会更是万要不得的懦弱表现。中国是独立国，无论如何弱，事实上无论如何的受牵制，但内心的独立精神却必不可放弃。这是国民大会今后所当督促政府，尽可能地保持于不坠的第二要义。

对内铲除贪污，对外保持独立，这是今日全国国民最低的两条要求，也是全国国民所赋予国民大会的双重使命！

（原载《周论》一卷十二期，1948 年 4 月 2 日）

所望于新政府者

　　国民大会闭幕后，一进五月，继依宪产生的首届立法院成立之后，蒋大总统与即可选出的副总统将于五月五日正式就职，各院部也将按照宪法的规定顺序成立，年近不惑的中华民国至此将要第一次有遵依宪法条文而出生的一个政府。对于宪法，对于国大，对于新政府，过去与今日都有不少的怀疑、阻挠与破坏。但就全国而论，多数人所采取的可就是一种善意观望的态度。他们因过去叫他们失望的事太多，此次也不敢多存奢望，所以只有观望，但他们仍是希望此次一切真能兑现，使三十余年始终找不到正确方向的中国最后能走入康庄大道。若果如此，善意的观望将要很快的变成热烈的拥护，连少数怀疑、阻挠与破坏的人也可能要改变态度。反之，此次如果仍是敷衍门面，少数人不必说，连多数根本善意的人也将发生可怕的反感，国家的前途真将不堪设想。所以今后几个月内实际的表现如何，所关极大，我们愿指出下列四点，提请行宪政府注意。

　　第一，政治人事须要刷新。过去二十年来，政府机构的变换不能算少；但变来变去，在台上的始终是原班人马，这是令人深感不解的一点。政府也与任何机构一样，必须新陈代谢，方能发生活力。今日政府中，有的人或因年事太高，或因用脑过度，已不适于再负独当一面的责任。为适应事实，新的政府不妨多设谘议、元老、高等顾问一类的员额，卑礼厚禄，以待老成；至于须要用心，须要动手的工作，则当尽可能的交与新进之士，以振人心，以增效率。所谓任用新进，必须采取唯才主义，少凭援引，少靠情面，少顾任何的私人关系。必须如此，全国的耳目才能为之一新，善意观望的人才能相信新的政府是认真的要有所作为。

第二，财政经济方面，必须大刀阔斧地做去，并且愈早愈好，不能再犹豫，不能再拖延。二十一日国民大会第十四次大会中曾通过二百六十七位代表所提"限期实行耕者有其田，立即开征累进财产税，争取民心，提高士气，充裕国库，改善经济"的一案，并送政府限于六个月内筹划实行；同时又通过有关征借豪门资本，征收豪富特捐的提案，建议政府限于三个月内制定办法，切实执行。国大这两个提案，是最足代表人心的要求的，若能认真实行，目前严重的局势可说已解除了大半。

第三，在外交方面，须要确立独立自主的立场。国民大会曾通过关于对苏外交与对日和约的提案，送请政府办理。国大的议案甚为恰当，只是尚嫌不够。我们在整个外交上，须有积极自主的立场，不能毫无抉择地追随他人。在外交上过度的客气，不只不能招人怜惜，反而适足招人轻侮，所得的结果与所企望的正正相反。我们弱则弱矣，但在法理上尚未成为任何外国的殖民地，我们自己不可先存殖民地的心理。过去百年的不幸发展，造成普遍全国的殖民地心理；但在政府机构中，一向是外交部门最受此种心理的支配，因此不知吃了多少不必需的大亏。国与国交，岂是私人的社交可比?私人之间，事事都好商量；国与国间，事事都要认真，锱铢必较，不可稍存客气，更万不可因弱而气馁。既往不咎，外交当局今后不容再因气馁而误国。

第四，在根本心理上，政府须要恢复自信。四五年来国内的，尤其国际的，有计划的宣传攻势居然成功，政府中人往往对于自己，对于国家，也已丧失信心。这是最严重，最可怕的一种精神现象。人有人格，国有国格，政府既然代表国家，遇到任何问题，都当有坚定不移的最后立场。不可轻率从事，但也绝不左瞻右顾，表示畏缩。过去几年，在许多表现上举棋不定，因循敷衍，政府根本不成一个政府，又何怪国内国际一致的侮蔑与轻视？自侮者当然要招人侮。现在新政府即将成立，在根本心理上必须彻底觉醒。遇事审慎考虑，周详计划，考虑计划之后，就要不必顾虑多端，只在事实证明当初计划错误时再虚心接受批评。此种虚心，并非示弱，正是自信力的表示，绝不致因此招侮；若将错就错，一错到底，反倒要招致反感了。唯自信者能够虚心，唯虚心者能够自信，望政府今后能两者配合得宜，挽回彷徨无主的心，挽回危机四伏的国家命运！

（原载《周论》一卷十六期，1948 年 4 月 30 日）

国际谣言与自我检讨

美苏之间的宣传战，数月以来日趋尖锐，最近好似已有非决裂不可之势。然而在剑拔弩张的当中，忽然传出双方代表在柏林举行秘密会议，研讨德国、欧洲，以及其他问题的消息。在一度缄默之后，华府方面已经正式承认曾有此种会议。目前又有更进一步的消息，谓美苏刻下正在华盛顿会谈，并且美方已准备允许苏联在韩国北部及中国东北自由活动，交换条件为苏联在欧洲让步。这种进一步的消息，尚未为任何负责方面所证实，然而已经引起各方的注意，在中国已经引起不少的惊异。此讯确否，须待事实证明，我们此时不愿乱加猜测；但即令是无稽的谣言，所引起的问题已经很多，并很重要，这正是我们这个富于被人宰割资格的国家提高警觉，自我检讨，并放弃一切错误与幻想的良好时机。

首先，对于国际"冷战"的根本性质，我们须有较为深刻的认识。虚张声势，买空卖空，讨价还价，虚虚实实，以进为退，以退为进，凡此都属国际政治中万变不离其宗的惯技。在时机未到，局面尚未成熟时，声色最厉的表演往往就是和颜悦色的前奏，在一九三九年八月，在德苏之间互骂之声始终未息的当中，而两国的互不侵犯协定出现。我们如果认为此事可怪，此类可怪的事在人类史上不知有多少，只怪我们自己多怪！我们并不是说德苏协定有任何的必然性，在当时欧战本有两种可能的爆发方式，一为德苏战争，一为德对英法的战争，最后何者实现，人的因素关系颇大。我们所要指明的，就是任何方式成为事实，都不足为奇。今日英苏之间的关系，已发展到一个三岔路口：或继续冷战，或谋求妥协，或干脆的兵戎相见。第三种的可能性不大，真正的选择恐怕是限于前两种之间。冷战自去年外长会议失败之后，日愈激烈，今日已发展到难以忍受的程度，所以只要能够求得勉强可以满意的方式，双方恐怕都乐于享受心安一时的幸福，根本问题即或不能解决，也留待日后再说，现在大家实在过度疲倦了，若有万一可能，都希望能得到一个休息的机会。物质的疲乏已够严重，长期大战与战后紧张局面所产生的精神疲乏尤其难以忍受。所以美苏间的妥协究将采取何种方式虽难断定，但短期妥协的可能性是相当大的。如果妥协不成，冷战就要更加激烈，不久恐怕会作新的妥协的尝试。国际政治中此种虚实变幻的根本道理，凡属现代人都当了解，作为一个中国人尤其须要了解。

假定美苏妥协，将采何种方式，无人敢作武断。但我们所须研究的，就是在妥协尚未成为事实的今日，国际间为何会发生中国将要成为妥协过程中的牺牲品的流言。美苏相形之下，美强于苏，所以任何妥协的方式，若要实现，必须美方特别乐于接受。最近的流言如有根据，虽与苏联的根本国策并不相远，但主要的还是代表美国的政策。美国在中国究是实行何种政策?积极方面，说来话长，我们暂不必谈。消极方面，简单一句话，美国根本轻视中国，中国在美国的世界政策与整个算盘中根本不占重要的地位。每个国家在主观上都自认为重要，那是很自然的，也未可厚非，但那只能作为自我的抱负与自勉的动力，若漠视事实而一味的自往情深，就要陷于莫大的错误。只有强国的重要性是内在的，弱国的重要性是外来的。一个弱国只有在强国的算盘上占有地位时，才能算为重要。无论过去的情形如何，今日的中国根本无此地位。日常耳闻目睹，不知有多少人由各种不同的立场认中国为美苏所日夜焦虑的地带，并有人断定，甚至希望，第三次大战将由中国问题引起，在中国境内爆发。不必说此种希望的罪大恶极，它所代表的判断是一种与事实完全不符的判断。假定中国对苏联重要，它早可多费一点力气，把中国赤化的范围扩大。假定中国对美国重要，它早可大显身手，把中国握得更紧。正因中国在美国对苏的算盘上，在苏联对美的算盘上，都无地位，所以两强在中国都只肯捡现成的便宜，绝不肯多下本钱。今日的世界是一个北半球的世界，并且是北半球北部的世界。中国是一个北半球南部的国家，地势偏僻，并非必争之地。美国所不能放弃的是英伦，是西欧，是地中海；苏联所不能放弃的是铁幕之后的东欧。两国所争持不已的地带是希腊，土耳其，伊朗，与整个的中东。美苏互相监视，互相防备的区域，是杳无人烟的北冰洋。在这些区域，双方的既得地位，绝不考虑放弃。至于中国，在两强的政略与战略上本是处在次要又次要的地位，所以正好是讨价还价的对象，正好是踢来踢去的足球。雅尔达密约并不奇怪，新的雅尔达密约随时可以成立。雅尔达密约还有人来征求中国形式上的同意，今后若有新的雅尔达，可能连这样的一点客气都不再有！

抗战胜利以来，环顾国内，亲美的人不可胜数，亲苏的人更是遍地皆是，所不得见的就是亲华的人士！大家一方面争先恐后的媚外，一方面唯恐不逮的仇内，我们两三年来的自侮自毁已经打破人类历史上的纪录，我们又有何面目去指摘外人的任意宰割？

（原载《周论》一卷七期，1948 年 2 月 27 日）

航空时代、北极中心与世界大势

近年来一般人喜欢谈原子能时代，原子能占有了人类想象力的全部领域，使许多人忘记了有史以来一个重大的道理：就是交通路线与交通方法对于政治关系与文化形势的决定性。今日诚然已进入原子能时代，但最少与此同样重要的，是今日也是航空时代。飞机虽然已有四十四年的历史，虽然在两次大战中都是重要的作战武器，虽然已成为平时的一种重要交通工具，但人类的想象力对于飞机似乎仍然不能完全了解。为适合航空时代的现实，我们许多的日常观念都须改变，否则我们在精神上只能说是十九世纪的遗民，不能算为名实相称的二十世纪中期的人类。

第一，是交通观念的革命，人类自有史以来，陆地上的交通要受高山、森林、沙漠、沼泽的阻碍。海上的交通阻碍较少，但一望无际的海洋本身就是使人望洋兴叹的一种困难。并且无论是水上行船或陆地行车，交通都不能脱离地面。但现在人类已能凌云升空，过去地面上的一切阻碍都已不复存在，因为我们今日是在太空的大气中翱翔。过去交通限于地，现在交通是起于地而行于天，天地已成为一体。所以近来有人画图表示此种情形，先画一个小圆形代表地球，外边再画一个大圆形，称为天球、天洋，或天空世界，就是飞机所遨游自如的世界。人类今日已不再被困于平面的地面，而是名符其实的生存于立体的天地间。

第二，方位的观念，今日也要改变。前此所谓东、西、南、北的方位，在事实上我们虽不详细推研，但在理论上是我们站在地球上的某一点，面向北极：面前为北，背后为南，右手为东，左手为西。我们总是假定北极为我们永远不会亲身到达的一个标准点。

普通的地图也都以赤道为中心而将地球画为平面，于是一个点的北极也成为与赤道同长而并行的一道线。因为这个道理难以说通，所以多数的平面世界图总是不把南北极画出。但今日新的地图多以北极为中心。因为地球上陆地的大部，尤其在人口、经济、政治与文化上最重要的几块陆地，亚洲、欧洲与北美洲，都环绕在北极的周围（在人口上，北半球占全世界的百分之九十以上），所以北极中心的北半球图就可表出世界要地的绝大部分。至此方位就发生问题了。我们现在需要假定我们时时刻刻是站在北极之上。北极是地球的顶点，无左无右，无东无西，本身为北，为绝对的北，此外并无其他的北，由此向外观看，任何方面都是南方。只有一方，等于无方。前此相对论只在天文学上影响空间的观念，人类对于圆面的地球仍可当作平面使用。今日航空发达后，圆面不能再当作平面，非认真为圆面不可。地理学上的空间观念因此也发生革命。走路最怕迷失方向，现在我们可说是根本丧失了方向！讲到最后，方位当然只是一种人为的概念，与宇宙的实际无关。但因为四方的观念是文化初开以来的一种意识，在人心中已经根深蒂固，一旦这种观念不再与实际生活的情形完全相合，一般人不免发生迷惑之感。我们必须运用想象力，克服这种迷惑的感觉，在精神上才能说是生活在航空时代的世界。

最后，第三个发生革命的就是距离的观念。前此以里计的路程，今后要以时刻计。世界上远距离的交通，所需的时间，最初须以年计，十六七世纪以下仍须以月计，到十九世纪已可以星期计。进入二十世纪，普通可以日计，时至今日，"日"已是太大的一个计时单位。第二次大战以来，世界多数重要据点间的距离，只以钟头计就够了。在过去，交通的时间以年计，以月计，以星期计，或以日计的时候，两点间的里程仍为人所注意。但今日情形大变，里程的观念在人类意识中已日趋淡薄，惯于旅行的人已不再问由甲地至乙地里程若干，而只问需时若干。在一百个知道由北平到南京需要几小时的人中，不见得有一个人能说出两地距离为多少里。这也正如天文学上讲星球间的距离，普通不讲里数而讲光年一样。光的速度每秒钟为一八六三〇〇英里，它一年所走的路程，若以里计，绝非人类心灵所能体会。只有讲光年，才能使这种远至不可思议的距离在人心中发生些微的作用。因为飞机航率迅速，距离的计算采用时刻，也是同样的道理。量布用尺，量行程用里，量航程用时刻，这是当然的迟进的理。就交通言，世界已经急遽地缩小，可说已缩小到过去一州一县的程度。我们今日已可更亲切地体会到，地球只是太空中至小至微的一粟。

归纳上面所讲已经发生或最少应当发生的三种观念上的革命，我们可以得到一个结论：就是今日的世界，是一个以北极为中心，各点之间距离甚近，交通迅速便利的一个渺小世界。明乎此理，我们就很容易了解，北极圈的内外近来为何成为少数大国注视的焦点了。事有凑巧，今日世界最强的两个大国，美国与苏联，经北极圈而相望。美苏间的空间距离，远较任何地图上所画的关系为近。加拿大与美国密不可分，等于一个单位，在战时两国已经联防，战后的今日联防的办法不只并未取消，并且更为加强，在最后的国际关系上，美加已与一国无异，美加与苏联，北疆都远伸入北极圈内。双方若能合作，合作的地理条件非常便利；若不能合作，如此近的距离是一个莫大的危险。双方距离最近的地方，在阿拉斯加。经白零海峡，美国的阿拉斯加与苏联的西伯利亚，仅有五十英里的一水之隔。这是就双方的大陆而言。若看两方海岸之外的海岛，距离最近的美岛与苏岛，相隔仅有二英里半！在第二次大战期间，阿拉斯加是美国武器援苏的最大最重要的空运中间站。战后的今日,美国许多的论者,称阿拉斯加为美国的第一道防线,并非出于偶然。

在双方自己的领土之外,北极圈上的土地而成为问题的,尚有冰岛,哥林兰岛,与斯比兹卑尔根群岛。冰岛是欧洲与北美之间的中间站,是北大西洋的中心点,在第二次大战期间是美国接济英国的一个重要据点。哥林兰与冰岛的功用相似,不过地位不像冰岛的适中而已。现在美国的武力已从两岛全部或大部的退出。但就利益与文化传统言,两地仍然倾向美国。冰岛为独立国,哥林兰属于久已接近英美的丹麦。

斯比兹卑尔根群岛属于挪威,在第一次大战后由国际条约规定为不设防地带,最近苏联向挪威要求在该地取得设防的权利,英美提出抗议,挪威经过一番考虑后,最后于本年二月十五日在国会秘密会议中决定拒绝苏联的要求。国际间一有风云,斯比兹卑尔根群岛是值得注视的一个地方。过去列强所争夺的是苏彝士与新加坡一类的海上据点,新时代的苏彝士与新加坡大多集中在北极圈上。国际间若不能实现永久的和平,这块一向宁静的冰天雪地世界终有一天要成为全球上最不宁静的所在!

(载《独立时论》第一集,独立时论出版社,1947 年)

美帝"中国门户开放政策"的背景（上）
——美西战争与海洋政策

正如门罗主义，事实上等于说不许别国染指拉丁美洲，听任美国不慌不忙地用最便宜最省事的方法把整个新大陆细嚼慢咽消化净尽一样，所谓"中国门户开放政策"，事实上等于说，别国不得把中国不可挽回的瓜分干净，好让美国利用它优胜的独占资本势力，静待良机把中国一口独吞。美国独吞中国的政策，远在资本主义发展到帝国主义阶段之前就已萌芽（见本刊第一期邵循正先生"美国对华侵略的作风和路线"），但使它有资格明目张胆宣布这个毒辣的政策，宣布后并且多多少少能够发生作用的，是前一年它对残破落后的西班牙进行投机取巧的战争的结果，这个战争使它由大体局限于北美大陆的一个国家，一跃而成兼跨东西两洋的海上国家。它在成为太平洋上一群帝国主义国家中的一员之后，才能具体的，而不仅仅是梦想的，推行雄霸东西大陆的政策。还有一层：无论此前或此后，它在中国都是一贯的戴上伪善的面具，然而它的真面目却在美西战争中暴露无遗；我们若要认识美帝自最初就特具的丑恶相貌，最好是参看一下美西战争。

进入帝国主义阶段的美国资本主义

到十九世纪末期，各资本主义国家均已发展到帝国主义的阶段，美国只是其中的一个例。久不拓土的不列颠帝国，又开始夺取殖民地。法国开始大规模向北非发展，日本向中国谋出路，比较迟到的德国慌慌忙忙的向世界各地寻找侵略对象。总之，各国正在走向资本主义矛盾所必然产生的大火并——第一次大战。美利坚合众国的不肯落于人后，必然的要参与其盛，是无足为奇的。在整个的十九世纪中，美国工业成品入口，逐年上升，但在一八七六年以后，几乎没有例外的多年都是出超。我们把整个十九世纪每十年为一单位，以十年的最末一年为准，列"美国对外贸易表"①如下，就可一目了然(单位：美金千元)：

年份	出口	入口
1810	66,758	85,400
1820	69,692	74,750
1830	71,671	62,721
1840	123,669	98,259
1850	144,376	173,510
1860	333,576	353,616
1870	392,772	435,958
1880	835,639	667,955
1890	857,829	789,310
1900	1,394,483	829,150

＊为尊重原书，本书数字用法以汉字为主，但为方便读者阅读和理解，本表格数字采用阿拉伯数字。

由上表我们可以看出，一八八〇年以前美国是入超的，只有一八三〇与一八四〇两次为例外，自一八八〇年以下即一贯的出超，出超的趋向并且逐年加深，等到进入二十世纪后，出超之发展更有一往无前之势。此时再自然不过的，开始有各形各色

---

① Thomas A.Bailey, *A Diplomatic History of the American People* Third edition, 1946）p.459.

的侵略理论出现，一部分是有意的，大部分是不知其然而然的为已经成熟的独占资本势力在海外寻求出路。美国在十九世纪中期侵略墨西哥时就曾喊出一种口号，"显然的使命"(Manifest Destiny)，认为向外发展是美国的天赋使命。这个旧名词现在又被拾起，成了帝国主义时代赋有新意义的口号，现在美国的"显然使命"已不再拘促于新大陆，而是有世界性的了，很多人又另称这个"使命"为"大政策"(Large Policy)。此类的喧嚷，声彻全美，我们只举九个人为例。

形形色色的帝国主义理论

一个海军军官梅汉（Alfred Thayer Mahan）是自封的海军至上哲学的理论家。他的作品很多，最重要的两本，一为《海权在历史的影响，1660—1783》(*Influence of Sea Power upon History, 1660—1783*)，一八九〇年出版，一为《美国对于海权的利趣，现在与未来》(*The Interest of America in Sea Power, Present and Future*)一八九八年出版，他于这些作品中，一方面断定在历史上海权胜过陆权，一方面主张美国建设大海军，向世界各地寻觅海军据点与殖民地。

一位政治学教授贝杰斯（Jonn William Burgess），抄袭德国偏狭民族主义的高法，写了一本《政治学与比较宪法》(*Political Science and Comparative Constitutional Law*)，一八九〇年出版，认为条顿民族与盎格罗萨克逊民族是天赋的有建立民族国家的能力，因而也天赋的有开化全世界的"劣等民族"的使命。

一位社会学家基丁斯（Frank Henry Gidings），著有《民主与帝国》(*Democracy and Empire*)，一九〇〇年出版，认为"民主"与帝国主义的侵略是可以调和的。我们中国所有学习社会学的人，大概都读过这位先生的一些作品。

基督教的教士也不甘寂寞，作同类论调的颇不乏人。一位好出风头，因而也小有名气的教士斯特朗(Josiah Strony)，写了一本书，简称《我国》(*Our Country*)，初版一八八六年出版，扩大再版一八九一年出版，非常风行；他在这本书中断定盎格罗萨克逊人是被上帝选择的特殊人种，赋有开化全世界的使命，而美国人又是特殊人种中的特殊者，在这个有特殊使命的人种中负有主要的开化责任。

一位纽约州的中级资本家出身而当初尚不甚知名的政客罗斯福(Theodore Roosevelt)，吸取了梅汉的主张，在政治活动中提倡大海军与扩张政策。后来他因意外的事故而任美国的总统，大事推行侵略政策。

一位波士顿的商家子劳治(Henry Cabot Lodge)，出自因与中国通商而致富的家庭，先在地方从政，一八九三年选为联邦议会的参议员。他与梅汉及罗斯福都是气味相投的侵略朋友，一旦登上华盛顿的政治舞台后，就开始鼓吹美国吞并整个北美大陆，挖掘中美运河，占领中太平洋的夏威夷群岛及大西洋的西印度群岛，特别是其中的大岛古巴。

至于报纸杂志上署名或不署名的提倡向外侵略的文章，到一八八〇年以后，尤其一八九〇年以后，几乎是每日都可见到。一八九〇年以后，由四面八方袭来的侵略理论，逐渐把美国全体人民，除了极少数头脑特别清醒的人以外，都已灌输成熟，认为向外侵略不只是天经地义，并且是美国人义不容辞的神圣使命。

牛刀小试——夏威夷群岛

在大事侵略之前，美国早已看中了太平洋中部的夏威夷群岛。这个十八世纪末被欧洲人发现的群岛，进入十九世纪后就成了美利坚商人航来中国路上的中间站与加煤站，美国人的数目急剧增加，到一八四〇年首府檀香山，在外观上已具有美国城市的面貌。美国的商人、水手、捕鲸渔夫，满街都是；商店大半为美人经营，货品大部为花旗制造。早在一八四二年，美国国务院就已向岛国表示，美国不能容许夏威夷成为第三国的领土；一八七五年美国与夏威夷正式订约，由美保障夏国对第三者的独立；一八八四年夏国被迫割让珍珠港。至此在实质上夏威夷已在美国政治、军事、经济的绝对控制之下，所余的只有独立的空名。

夏威夷群岛是传教士的乐园，岛上的传教史也是使人可以清楚地认识传教事业与帝国主义之间血脉相通的一个绝佳范例。第一批进入群岛的美国传教士，一八二〇年开到，岛人的悲惨命运也就从此注定。传教的人数逐年增加，他们半劝诱半胁迫的叫当地的政府捐赠土地，以利传教事业的进展。这些教士很少再回美国，他们在岛上成家立业，他们的家属与子弟开始在岛上利用政府给他们传教用的土地种植甘蔗，经营糖业，到一八九〇年左右，全岛地产的三分之二已都在各种方式下转入这批传教士家族的手中。这在历史上是最明目张胆的经济、政治与宗教三位一体的一个典型；在全部帝国主义史中，也只有美帝做过如此无耻的表演。至此岛上的通商关系，几乎全部是对美国的，一八九〇年出口价值二千万美元的物品中，百分之九十九输往美国。

虽然如此，极端弱小的夏威夷人对美国仍然有斗争的勇气。

夏国的末主是一位女王，一八九一年即位后，决意排除美国的侵略。这使美帝分子拿出此前与此后都会惯用的致命手段：一年多之后，一八九三年一月，在美国驻夏公使斯提芬斯（John L. Stevens）半公开的主导之下，传教士家族的一群人物发动了"革命"，美国的海军陆战队马上登陆，口头上说是镇压变乱，实际却是包围王宫，向一个孤弱的女王示威要挟。这群宗教子弟组织了治安委员会（Committee of Safety），宣布废女王，设临时政府，政府中的人物是清一色的花旗人物，立即请求美利坚合众国合并这个"革命成功"的新夏威夷。美国一向所独有的内政外交时常纠缠不清的政治作风，适在此时发展到如此极其尖锐复杂的阶段，一顿乱吵之后，合并夏岛的阴谋暂时未能实现，美国只承认新的夏威夷为独立的共和国。又过了五年，到美西战争已经爆发之后，美国才正式宣布群岛为美属的领土（一八九八年七月）。①

就东西讲，夏威夷是处在中太平洋，由南北而论，夏岛则属于北太平洋。美国除了吞并这个北太平洋的群岛外，一年之后，一八九九年的年底，又把注意了几十年的南太平洋萨摩亚群岛的一部据为己有。

夏威夷与萨摩亚的侵占，只代表美帝国主义侵略的牛刀小试，大规模的两洋政策，在对西班牙的战争中才实现。

对西作战的口实——古巴问题

西印度群岛物产丰富的古巴岛，是美在独立以后不久就开

---

①关于夏威夷早期的历史，见 R.S.Kuykendall, *The Hawaiian Kingdom,1778—1854*（1938）。美国并夏，见 J.W.Pratt, *Expansionists of 1898*（1936）。

始垂涎的一块领土，前后整整一个世纪之中，美人曾经制造了各形各色稀奇古怪的理论，作为古巴当归美国所有的论据，但美国内部的种种矛盾，使衰弱不堪的西班牙居然能继续把持此岛达一百年之久，到了十九世纪末叶才成了美国跳上帝国主义舞台的一个机缘与踏脚石。

没落的、腐败的、半封建性的西班牙统治，使古巴人民不断地发起大大小小的反抗运动。一八九五年，岛上又起了大规模的反西班牙革命与民族解放战争，这给了美国侵略者一个绝佳的机会，由著名的黄色报纸开始，逐渐传播到几乎所有的美国报纸，大事渲染西班牙人作战的残暴。西班牙人诚然残暴，没落的势力有几个不残暴的？但这只不过是美国侵略者现成的准备干涉的题目而已。从一八九五年到一八九八年，三年的鼓吹已使蒙在鼓里的美国人民如醉如狂，一心一意的只想为解救古巴的苦难而对残暴的西班牙作战。除了帝国主义侵略的必然性以外，美国特别关心古巴基本的与真正的原因有二，一为经济的，一为军事的。就经济利益讲，美国资本家对古巴糖业与矿业的投资在五千万美元以上，当时古巴一岛的糖产就占全世界的产量之半。很自然的，一八九五年的革命爆发后，美国投资人认为机不可失，立即要求美国政府干涉。军事方面，美国此时已开始注意东西两洋上的发展，并为沟通两洋的军事设施，计划在中美挖掘运河，无论是为开运河，或为运河开出后的防守，军人中的帝国主义分子都认为整个的墨西哥湾与加勒比海的控制在军事上都属必要，所以围绕这片海洋的西印度群岛必须设法攫取，而在这些岛屿中，较大的古巴岛尤为冲要，所以美国必须寻找机会，制造口实，把古巴夺取到手。

一八九八年初，美国政府以"友谊访问"为名，派了一个海军舰队到古巴的哈瓦那港。二月十五日，舰队中的一只主力舰梅音号(Maine)爆炸沉没，死亡二百六十人，爆炸的原因至今不明，但美国就认定这是西班牙人所为，三月二十七日下最后通牒：

(一)西班牙军与古巴革命军间立刻停战；

(二)西班牙停止拘禁古巴人于集中营；

(三)美国为双方调停。

这些条件，西班牙全部接受。但美国已决心作战，受了三年灌输的美国人民也多主战，教会人士也充分表现了好战心理。纽约有一种长老会的刊物，称《福音宣传者》(*Evangelist*)，于三月三十一日的一期中有如下的论调："如果全能上帝的意旨是要以战争为工具而把这个人对人的残暴 (按指西班牙人对古巴人的残暴)从西半球彻底根除，那我们就作战好了！"所以最后尽管西班牙人已接受一切条件，四月二十日美国仍然对西宣战。但在宣战书中却作了一个典型的伪善声明，说美国作战，完全出于对古巴的同情，唯一目的只是解放古巴，将来绝不占领古巴土地，而将听由古巴人独立自主。事后美国如何实践这个声明，下文自见分晓。

投机取巧的对西战争

美西战争，就是美国讲，在它一贯的侵小攻弱的战争史中，这个战争是最便宜，最顺利，甚至可说是"较传奇尤为出奇"的一笔投机生意。美国的陆军，空虚混乱到不可想象的程度，在当时实际没有对世界上任何一个二三等的国家作战的能力。它的正规军，包括军官，仅有二万八千人，尚勉强有可以作战的配备。志愿入伍的有二十万人，根本没有足量的与适当的武器。军部的库藏中没有夏装，夏季在亚热带的古巴作战，军士多穿冬装，与最近侵朝美军严冬穿夏装的奇景真可先后辉映！后勤总部紊乱不堪，军食往往腐烂。医药卫生设备全无，军士因病致死的抵战死的十三倍。在这种局面下乱动了两个月之后，到六月下旬居然有美军一万五千人在古巴登陆。没有资格对一个二三等国家作战的美国，所遇到的不是一个五六等的国家，而是一个根本不入流的国家。古巴岛上的西军当时有二十万人，大部是满可调动的，但及时阻止美军登陆的只有一千七百人。然而这一个小小的西班牙军，仍保有十六七世纪西班牙人勇武善战的传统，他们作战的英雄气概使美军大为吃惊，最后因众寡悬殊才被战败。西班牙的海军也措置失当，未正式作战即被歼灭。此外，美军又不费吹灰之力而占有西印度群岛的另一西属岛屿，波多黎谷。

以上是大西洋方面的战况。此外还有太平洋的一面。西属的菲律宾群岛，当时也在反西的民族解放斗争中，美国当然也认为这是可乘的良机。在宣战两月之前，海军部即已暗命美国的亚洲舰队集中香港待命。战端一开，这个亚洲舰队立即向菲岛进发，到五月一日冲入马尼拉港，西班牙舰队全部被歼。但美国在远东没有陆军，无法登陆。当时有一位曾经领导菲人抗西因一时失利而流亡香港的人，名阿根那斗(Emilio Aguinalde)，统率美国亚洲舰队的杜威将军(Admiral George Dewey)邀他回菲，号召菲人，助美攻西。迟至八月中旬，靠菲人的帮助，美军始得登陆，占领马尼拉。

（原载《进步日报》1951 年 3 月 2 日）

美帝"中国门户开放政策"的背景（下）
——美西战争与海洋政策

巴黎和约与菲律宾问题

西班牙一败涂地，只有求和。美国同意讲和的条件有三：

1. 西班牙放弃古巴；

2. 西班牙割让波多黎谷与太平洋上的另一岛屿；

3. 菲律宾问题，留待将来解决。

在法国的斡旋之下，双方在巴黎正式讲和。在和会中，西班牙对于古巴独立，割让波多黎谷与太平洋上的一岛(最后决定为关岛)，都立即答应。因为美国已宣传了好几年要解放古巴，战败的西班牙知道古巴以及西印度群岛的其他岛屿都已无可挽救，只有听任战胜者支配。至于太平洋上富庶的菲律宾，美国在过去几乎向未提到，一般美国人，包括当时的总统，根本不知菲律宾在世界的哪一方位，所以西班牙人仍希望能保有这块东方属地。但美国的野心已到全部暴露的时候，在一八九八年年底的巴黎和约中，强迫西班牙放弃菲律宾群岛。

菲律宾人的想法如何呢？美军在靠菲人协助作战时，虽然始终回避作肯定明了的诺言，但言里言外地却给菲人一个印象，美军是来帮助菲人摆脱西班牙的统治而独立自主的。所以在马尼拉攻下之后，阿根那斗立即宣布菲律宾共和国成立，并要求美国承认。不料杜威将军向美国政府报告，借口这个共和国不代表全体菲人，而只代表菲人中的一派，主张美国不予以承认。也就在此时，在美国内部已开始掀起一个与战前对古巴一样的一个对菲律宾的宣传攻势，唯一不同的只是此次攻势的帝国主义色彩更为露骨而已。

美帝侵占菲律宾的宣传攻势

美帝对菲的宣传攻势有一特点，就是宗教气味异常浓厚，浓厚到使人感觉有碍呼吸的程度。《纽约先驱报》(*New York Herald*) 于一八九八年八月二十二日发表了一位教授的言论："马尼拉向我们伸出她那破断流血的双手，我们必须紧握这双手，接受我们的解救责任；我们如此做并非一件政治野心的勾当，而是上帝所赋予我们的一个使命。"这类的话，绝非例外，大同小异的言论与情绪传遍全美，许多美国人糊里糊涂的俨然自居于世界上神命使者的身份。一位教会的主教窦柏尔(Bishop James M.Thoburn)，在美军开始以武力平定菲人的反抗之后，公开宣称，他认为这个"不得已的流血斗争"是"上帝的意旨所加给我们的"。①

然而"替天行道"论的杰作，不出于这些二三等的角色，而是出于以宗教虔诚著称的当时美国总统麦金莱 (William Mckinley)。据他事后向一群宗教人士的自白，他是跪在白宫内向上帝不断祷告求助后，才得了神的启示，决定美国非占全部菲律宾不可的。他那篇上帝启示之下的谈话，大意如下：

(1)美国不能把菲律宾交还西班牙，因为交还不知如何统治他人的西班牙，是可耻的；

----

①见 *Congressional Record*, *56 H.Congress, 1st Session, Appendix*.p.430。

（2）美国不能听任菲律宾被其他国家占领，因为这将对商业不利；

（3）美国不能容许菲人自主，因为菲人没有独立自主的能力；他们如果自治，将较西班牙的统治尤为黑暗；

（4）最后，事出无奈，美国只有占领全部菲律宾，教育菲人，提高菲人，开化菲人，基督教化菲人。①

我们所要注意的，就是菲律宾人经过西班牙三百五十年的统治，大部早已皈依基督教。但那没有关系，因为西班牙式的基督教显然是没有美国式的基督教那样纯正的！

美国非占菲律宾不可，真正的理由究竟何在呢？那位虔诚的总统一时失检，在充满神圣词句的谈话里已无意中透露了一点消息。美国此时已开始计划东亚大陆上可能的大规模商业发展与政治活动，而菲岛正是实现这个政策的跳板。海军人士认为菲岛为维持西太平洋势力所必需，绝不能撒手。许多人沉不住气，把这些心里的话率真讲出。一八九八年八月的《世纪杂志》发表了资本主义代言人，自命财政专家的范德利（Frank Vanderlip）的一篇论文，其中指出"世界人口的一半，都居在由菲律宾可以顺利到达的国家中"。很显然的，在这些"可以顺利到达的国家"中，中国是占有重要地位的。共和党的重要头目之一，参议员韩纳（Mark Hanna）于一九〇〇年十月，美国仍在强力平抑菲人的反抗时，发表他的意见："如果说我们要一个适中据点，以便给美国人民在那个东方大国（按指中国）一个维持立脚地的机会，就算是唯利是图，那么上帝啊，我们就唯利是图好了！"②

---

①见纽约出版的教会刊物 *Christian Advocate*（January 22, 1903）。

②F.R.Dulles, *America in the Pacific*（1932），pp.227—228.

美西战争后美帝的进而垂涎中国,极其显著。一八九八年十二月十五日的《波士顿先驱报》(*Boston Herald*)声音:"菲律宾群岛是我们到中国的踏脚石。"此外尚有许多报纸杂志,都异口同声地说明,为向中国谋发展,必须占有菲律宾。

除了美国内部乌烟瘴气的一些侵略理论外,尚有外来的鼓励,为美帝打气,劝它必须紧抓机会。表面上处在极盛的顶点,实际已经开始就衰的大英帝国,此时也感到德国及其他欧洲大陆国家军事与经济的竞争日益强烈,很想拉这个新大陆的同文同种国家为同伙,以免自己在欧洲以及在全世界势力太孤。所以在美西战争中,联合王国一贯的对美国表同情,战后也仍继续鼓励美国向外侵略,尤其是向太平洋与远东谋发展。深谋远虑的不列颠帝国主义者,此时已开始盘算英美在太平洋与远东联合一起以抗其他帝国主义的方策。就在这种机缘之下,出现了有名的帝国主义诗品。

帝国主义诗品的代表作——《白人的负担》

十九世纪末二十世纪初的几十年中,在文坛上象征帝国主义,特别是象征不列颠帝国主义的一位江湖诗人,就是吉卜灵(Rudyard Kipling)。他的作品,无论是韵文还是散文,很大一部分都是对殖民地人民直接间接的诬蔑,与对帝国主义鼓励或颂扬的作品。在他这类的文字中,最轰动一时,至今仍为人所讽刺传诵的,就是他的一篇《致合众国》的诗,首句为"背起白人的负担"(Take up the White Man's burden),后来普通都称这首诗为《白人的负担》。此诗在英美两国同时发表,在英初见于《伦敦泰晤士报》一八九九年二月四日的一期,在美发表于《麦克鲁杂志》

（*McClure's Magazine*）一八九九年二月号。诗的大意说：统治劣等民族乃是上帝所赋予白人的使命，这个使命并非容易完成，因为劣等民族不知感恩，白人在责任感的驱使下费了很多心力去保护他们，增进他们的福利，但这些劣等民族非仅不感激涕零，反转来而对白人倒要愤恨指责；然而优秀的白人不可灰心，不可厌倦，既是上帝所赋予的使命，虽然对自己一无好处，统治劣等民族虽然只是一种痛苦，但是叹一口气之后，仍只有"背起白人的负担"！

好一篇《白人的负担》！此诗发表时，西班牙虽已被迫割让菲律宾，但菲人对于新的主人却已开始较当初对西班牙人尤为强烈的反抗。当时美国内部，主要的因政党对立的关系，少数人因正义感的关系，开始反对以强力征服菲律宾的行为，《巴黎和约》虽已签订，仍有人反对国会批准。吉卜灵的诗就在这种情势下问世，发生了莫大的打气作用，立刻风行全美，人人吟诵，使开始动摇的世界主人翁的心理又稳定下去。

菲律宾人的抗美战争

《巴黎和约》的签订，使菲律宾人不胜惊讶愤怒，一八九九年二月他们就发动了反抗美国的战斗。至此美军已经过将近一年的作战，在数量与质量上已都有进展。至于菲人，无论武器、训练，或经验，均处劣势，所以只能作游击战。但菲人甚为英勇坚决，使傲慢的美帝侵略军吃亏不小。也正如今日在朝鲜一样，侵略军在战场失利后，就开始大量发泄兽性，无论俘虏或平民，都开始虐待屠杀，并又不分青红皂白的把能够捉到的菲人都关进大规模的集中营。这种办法，正是过去几年他们在古巴问题上引为干涉西班牙统治的借口。所以今日美国在朝鲜的这种暴行并不新奇,半个世纪以前他们已在菲岛训练有素,侵略性的美军只有在靠优势武器能够顺利取胜时,才对个别的俘虏与平民实行假仁假义的缓和政策;一旦优势武器不灵,他们就立刻原形出现。五十年前美帝的残暴,是真正爱国的菲人至今不能忘掉的。然而无所不用其极的残暴仍不能扑减菲人的反抗,最后美军利用少数的菲奸,才把领导抗战的阿根那斗于一九〇一年俘获。领导的人虽然被俘,菲律宾的人民仍继续反抗,到一九〇二年全菲方大体被暴力抑平。①

在这一段斗争中,有一件特别值得我们今日注意的事,就是在美帝侵略军的指挥官中有一位道格拉斯·麦克阿瑟将军(Arthur Macarthur),在这个对平民与战俘虐待屠杀的战争中,曾作了不少为美国政府与军部所感到满意的事,他因此而得在战争期中不止一次的升官晋级。这位将军的一位哲嗣,名达格拉斯·麦克阿瑟(Douglas Macarthur),早年即入军校,一九〇三年以后也来菲岛服兵役。这就是四十余年后以第二次大战各战胜国盟军统帅的名义在东京作日本反动政府"太上天皇"的麦克阿瑟。也就是一九五〇年六月发动侵朝战争,并在篡窃而来的联合国招牌之下对朝鲜人民进行最惨无人道的屠杀与破坏的麦克阿瑟。麦氏的作战方法,不仅是美帝的传统,并且是有家传的,他不过是把五十年前他的先将军大人在菲律宾所进行的侵掠屠杀惨剧在朝鲜照样表演一番而已,只可惜今日的对手已不是当日那

---

① 关于美帝征服菲律宾的经过,见 Charles Burke Eliott, *The Philippines to the End of the Military Regime* (1916)及 Moorfield Storey, *The Conquest of the Philippines by the United States* (1927)。

样易与的菲律宾了！

殖民地傀儡政权的建立

作战期间，美已开始利用原与西班牙人合作的反动菲人，建立殖民地政府。待一九〇二年军事结束后，它更进一步的培养反动势力。三四十年之后，就是由这种势力中产生了第二次大战期间与日本合作的菲奸；这批菲奸也就是原封不动的今日在美帝牵线下扮演"独立"丑剧的菲律宾傀儡政府中的一群。

在西印度群岛，美国所采取的也是同样的策略。波多黎谷势弱，没有反抗：一八九八年至一九〇〇年间为军管时期，一九〇〇年改为文官统治，由华盛顿委任总督治理，与一般的殖民地制度相同。波多黎谷也是糖产区，全在美国资本的控制之下。

如此"独立"的古巴

但我们特别要关心的是古巴，这是美国曾明白宣布，只要解放，不要侵占或统治的。战后，在表面上美国诚然是听任古巴独立。一九〇〇年，美军准许岛上的人召开一个傀儡的立宪会议，拟定宪法，完全照抄美国的。然而尽管奴颜婢膝地模仿美国，这个宪法仍不能为美国所接受，最后古巴人被迫加添了下列宪法修正条文，才得组织一个可怜的傀儡政府：

（1）美国对古巴一切对外之外交关系与财政关系，得控制干涉；

（2）为保障古巴之独立，美国得作必要的干涉；

（3）美国得于古巴政府不能保障生命财产与个人自由时进

行干涉。

在许多意义极为含混广泛的"干涉"条款之下，虽然美军于一九〇二年撤退，所谓"独立"的古巴实际上完全是美帝的保护国。在第一次大战之前与大战期中，蛮横愚蠢的美帝利用这些条款，曾经进行过一系列的干涉，重要的军事入占就有过三次：一九〇六年至一九〇九年，一九一二年，一九一七年。美国经济帝国主义的发展更可不言而喻，古巴的公用事业，铁路、矿山、糖业、烟草业几乎全部转入美国资本家之手。如上面所言，在美西战争的前夕，美国在古巴的投资总额为五千万美元，三十年后投资额已增高到十五亿美元，大部分都直接间接的在几个大银行之手，操持最多的就是花旗银行（National City Bank of New York）。古巴人全部经济命脉都在纽约几个银行家的掌握中，美国独占资本对古巴的控制与对美国本国无异，古巴人民也就与美国人民一样的成了独占资本所奴役的人民。最大的差别，就是在美国本部，这些大老板多多少少还有所顾忌，在表面上尽量掩饰；至于在古巴，通过一群傀儡人员，他们可以毫不客气地榨取压迫。所以到第一次大战之后，军事干涉已不必需，因为经过经济与傀儡政治双管齐下的力量，已可达到整个的控制剥削的目的，何必要作招人反感的军事干涉？

海军政策前提下的自然结论——"中国门户开放"

以上所列的历史事实，如果作为前提的话，结论就可不必多说了。只就太平洋而言，由美国西岸而夏威夷，由夏威夷而菲律宾，由菲律宾而何地呢？当然只有中国了！不过当时中国的情形，不是美国所能称心如意的摆布的。日本方把腐败清政府统治下的中国打败，并已夺取了台湾，控制了朝鲜，开始视中国为禁脔。欧洲各国虎视眈眈，德占胶州，俄占辽东，法占广州湾，英占威海卫，有再进一步把中国瓜分的趋势。比较迟到的美帝，一时不知如何下手去捞一把。意外的机会，由不列颠方面送来。大英帝国此时虽也参加了中国沿岸据点的夺占行动，但对此种办法并不太感到完满。本来控制中国市场大部的不列颠，希望中国不要过度的支离破碎，以免妨碍英国商业的流通与发展。美利坚的想法正巧相同，它的工业生产力过去逐渐上升，自一八八〇年以下已开始居世界第一位，它相信它自己终究可以独占中国的市场，在实质上控制全中国，唯一的条件就是中国不要一块一块的分裂为各国的禁地。英美两国既然根本的看法相同，所以经过一番正式的与非正式的磋商之后，因为美帝在中国尚无领土，讲话容易显得冠冕堂皇，最后于一八九九年九月由美国国务院向与中国有关的各国提出了"门户开放"的建议：

（1）承认原有的势力范围；

（2）但在各国的势力范围之内，要维持中国的统一的关税与一律的港租及铁路运费。

这里可说只有"门户开放"，尚无"领土完整"。一年之后，美国又进一步解释"门户开放"中包括"领土完整"的原则，等于将各国原有的势力范围也加以否认，至少是加以漠视，留出一个囵囫的中国，待美国慢慢侵蚀，最后寻机一口吞下。①

此后四十年，虽然曲折甚多，美帝也时常举棋不定或步骤错

---

①英美商谈"门户开放"事，见 A.W.Griswold, *The Far Eastern Policy of the United States* (1938), Chap.2。美国与其他各国关于"门户开放"政策的来往文件，见 *Papers Relating to the Foreign Relations of the United Sates*, 1899, pp.128–142。

乱，但基本上它始终是奉行这个所谓"门户开放"的政策。第二次大战后，日本失败，欧洲各帝国主义国家等于退出中国，美帝认为"门户开放"最后的一着，就是由它自己大步进来，然后把门紧紧关闭的一着，已到成熟的阶段。它当初所想采取的也就是它巧占古巴与明吞菲律宾时所采取的政策，就是扶植培养反动政权，经过这样一个政权而压抑人民的力量，使美帝可在殖民地保有万年的江山。美帝所不了解的，也不可能了解的，就是十月革命后的世界已经根本改变，过去局部与暂时或能成功的侵略政策，今日连暂时局部成功也不能达到。美帝在中国的失败，是它第一次大的失败，继之而来的侵朝战争的失败，仅是它对华政策失败的当然结果，也是它今后一连串的失败的明显预示！

（原载《进步日报》1951 年 3 月 9 日）

海战常识与太平洋大战

　　陆地上的战争、包括机械化的战争在内，即或是一个从未上过战场的纯文之士，也可想象其大概，若肯作一番抽象的研究，对它大致也可明了。海战对于多数人则是一个难解的现象，对于一个没有在大海上航行经验的人，几乎可说是不可想象的一个谜。现在太平洋大战已经爆发，海上冲突的消息在报纸上时常见到，将来大规模的决战若果发生，消息必更要丰富复杂。为减少每日阅报时的渺茫之感，我们对于海军的舰种，根据地的意义，要塞战的困难，正面决战的方式，若略作一个外行的探讨，或可不无小补。

　　海军的主要舰种是战斗舰，又称主力舰。主力舰是海军军力的中坚，是大海战中的决定力量。一般讲来，没有主力舰队，不能对有主力舰的舰队作战，若贸然作战，等于自杀。战斗舰装有钢甲，最厚处可达十四英寸，所以非常坚固，极难击沉。但他因其如此，主力舰代表一笔庞大的投资，一只新式的主力舰需价七八百万金镑。所以即以美国之富，造有一百只主力舰，仍为不可想象的事，实际今日全世界所有的海军国统合起来，不过共有六十只左右，小海军国，如荷兰、比利时、希腊，根本就无此舰种，主力舰不只宝贵，并且制造困难而迟缓。只有高度工业化，技术最精明的国家，才能制造主力舰，即有最理想的技术与原料的条件之下，一年的工夫也造不出一只战斗舰。这与美国每年可造飞机几万架的事实相比，我们就可想象战斗舰的制造是如何的困难了。因为主力舰如此的珍贵，所以绝不轻易出动，更少没有小舰与飞机围护而单独出动，以免遇到不必需的危险。一只战斗舰的吨数，在理论上可以大而无限，十万以至数十万吨的一只大舰，也未尝不可制造。但世界各地海军根据地的设备有一定的限度，过大过重的舰只不能入港或停靠。此外世界上又有海军所必经的几条运河，如巴拿马与苏彝士之类，宽度与深度也有限，过大过重的船舰根本不能通过。这是在事实上限制舰重的两个重要因素。现在各海军国的主力舰，小者在三万吨左右，三万五千吨是标准量，最大四万五千吨，但已是稀罕的海怪了。

一种次要的主力舰，称战斗巡洋舰，装甲较轻，但也设置重炮。轻甲利于航行，每小时的速率可超过三十海里，这是普通的战斗舰所难办到的。但因装甲略轻，沉没的机会较多；以如此贵重之物而多冒击沉的危险，似乎太不合算，所以各国都不愿多造这个舰种。以头等海军国的英国而论，在第二次欧战爆发时，只有战斗巡洋舰三只。一为"胡特号"，本年五月间在大西洋被德国击沉；一为"利巴尔斯号"，在太平洋大战爆发后的第四日即被日本在马来的海外击沉。现在英国只余一只，即"利诺昂号"（"威名号"）。

最后，还有一种新颖的主力舰，就是袖珍战斗舰，由德国创始，现在日本也想仿造，英美对此则仍取怀疑的态度。德国当初因受《凡尔塞条约》的限制，不能制造重吨的军舰，所以才别出心裁制造此种与重巡洋舰吨数相等的小型主力舰，吨重只有一万，但却装有十一英寸口径的大炮，这在主力舰上虽属较小的炮类，但乃巡洋舰上所没有的，巡洋舰上最大的炮不过八英寸口径。袖珍战斗舰的主要目的有二：一，速度高，以便遇到真正的主力舰时可以逃脱；二，火力大，以便遇到速度同等的巡洋舰或驱逐舰时可将它们击沉。袖珍舰的最高速率达二十六海里，略高于多数的主力舰。制造的详细情形，一部仍属秘密，但因尽量减重增力的关系,制造费非常之高。制造一只袖珍舰,平均每舰合价三百七十五万金镑;一只正统主力舰的制造费每吨可低至一百四十五万金镑。以此为准,一只三万吨的普通主力舰与一只一万吨的袖珍舰,在金钱的价值上约略相等,但在作战的价值上袖珍舰显然的落后。"哥拉夫斯比号"袖珍舰,于一九三九年十二月,在南美海外被三只火力较差的英国巡洋舰战败的事实,除英国海军传统的悠远与海战技术的高明外,许多海军专家都认为是袖珍舰不可信靠的证据。虽然如此,我们为慎重起见,最好是说英国海军的意外收获,是可以幸致而不可强求的海上非常胜利。反之,三只巡洋舰战败一只真正的主力舰,则可说是不可想象的奇迹。

第二种重要的作战军舰,就是巡洋舰。巡洋舰的炮火亦甚猛烈,大炮的口径可至八英寸,威力只略次于主力舰。最大的重巡洋舰,排水量可有万吨,速度可达三十三海里。装甲较薄,不能抵御主力舰的重炮,所以在一般情形下,巡洋舰不能单独对主力舰作战,遇到主力舰时,只有利用它航驶的高速度而逃脱。除正式作战外,巡洋舰最大使命为巡行海洋,搜捕敌国的商轮与袭击舰。击败德国一个最大袭击舰,袖珍舰"哥拉夫斯比号"的,就是英国的三艘巡洋舰。较大的商轮队,需要巡洋舰护航。作战时巡洋舰担任前哨工作,搜寻敌舰,并驱逐对方的同类舰只。巡洋舰上往往载有少数的飞机,以便扩大它巡逻范围。没有主力舰的小海军国,必有几只巡洋舰为海军的中坚,否则在海上的地位就不足挂齿了。

第三种军舰是驱逐舰,是战争期间最为忙碌最为劳苦的舰种,吨位小于巡洋舰,但一部的工作与巡洋舰相同,如巡逻,护航等等。它的主要使命是搜寻毁灭敌方的鱼雷艇、潜水艇、商轮,并检查中立国载运违禁品的轮只,驱逐舰上都装有鱼雷是它最重要的武器。小而轻便，速度可高至三十七海里以上。作战时保护主力舰，使不受对方鱼雷或潜艇的攻击。主力舰退守或战败后退时，需要驱逐舰施放鱼雷，驱逐敌舰。驱逐舰没有钢甲，小的舰身与高的速度是它最重要的自卫因素。

第四种，也是最新的一种重要军舰就是航空母舰。在外观上它的最大特点就是一个大平甲板的舰面，用途与陆地的飞机场相同。舰面下有机库，平时储藏飞机，要起飞时，先由升降机将飞机运至舰面，舰面的长度可至八百英尺，大型母舰所载的飞机可达六十架。舰面因高出水上，面积又大，所以只能装备很薄的钢甲以免头重脚轻不能航行。一个广大的轻甲场面当然是敌机轰炸的理想目标，所以航空母舰可说只有可怕的进攻武器，自卫的能力甚为薄弱。在作战时，母舰只将子机遣送前方，自己却远处火线之后，免为对方所乘。若遇敌机远来后方轰炸，除自己或仍余有少数飞机可作抵抗外，舰身的防护力全靠高射炮。一个大型的母舰，可装设三十至四十架的高射炮。在作战的大型舰只中，航空母舰算是航率较速的，每小时可超三十海里。

上述的四种军舰，笼统讲来，都算属于大型的，都为作战时所必需，此外两种小型的非常重要的作战单位，就是潜水艇与鱼雷艇。潜水艇是二十世纪初期的产物，直至第一次大战时才在作战舰种中取得重要的地位。它的作用为袭击敌方的商轮与军舰，德国用它几乎把二十五年前的英国饿毙。潜艇的最大优点，就在它能潜伏水底，一方面可乘敌方不备而进袭，一方面可躲避敌方强大舰只的攻击。潜艇的进攻武器是鱼雷。此外又有小口径的炮与高射炮，为在水面作战或袭击时的武器。潜艇可重至七百吨以上，小型的只二百五十吨。尚有一种袖珍潜艇，只容二人，称双人潜艇，最近日本偷袭夏威夷时曾经使用。英美似乎并无此种最小型的潜艇。潜艇速率不大，潜行时尤慢，普通在十海里以下。一个鱼雷放射出去之后，速度可达每小时四十五海里。但目标若太远，则不准确，并且目标(敌方船舰)随时有改变航行方向的可能。所以潜艇射放鱼雷，普通都在五英里以内，以免射中的机会过少。鱼雷若中的，最多不过是几分钟之内的事。

鱼雷艇是第一次大战时的产物。速度高，可达五十海里，舰身小，长度最多不过七十英尺，所以绰号称为蚊虫军舰。高的速度使它能乘隙袭敌，急转逃脱，小的舰身，使对方的任何武器都不易将它射中。除进袭的鱼雷外，鱼雷艇上又有小口径的炮多架，为自卫之用。因为轻小，水面下的浸没甚低，所以水雷鱼雷都不能伤及鱼雷艇，鱼雷艇的用途与潜水艇相似，袭击轮舰与辅助作战，两者间最大的不同就是水底与水面之分。

次要的辅助舰，种类甚多，如运输舰、接济舰、修理舰、布雷艇、扫雷艇等等。顾名思义，各舰种的使命很易明了。其中的一部，往往是由商轮改装的。此外有两种辅助舰，在此次太平洋的大战中，很可能有时会要见于报章的，就是铁甲舰与炮艇。两种都是浅水舰，铁甲舰的主要使命，为向岸上的要塞或其他的陆地目标进攻。舰身装有轻甲，并有一两座相当重的大炮。舰底甚浅，可靠近海岸进攻。航行甚慢，但它等于可以移动的一座炮台，速度的高低无关紧要。炮艇可开入敌方的内河，艇上只装轻炮与机关枪。在攻陷敌方的一地河口要塞后，若再向内进攻，就需要炮艇。清末长江开放之后，日本与欧美各国航行其中的军舰，大半都是炮艇。

舰只的总数与载重的总数，是衡量一个海军大小强弱的标准。但各国舰只之间，也有一个大概的比率，互相之间不能过度的失去平衡，主力舰必须有其他的舰种辅助，否则就行动不便，且易发生危险。所以一个主力舰太多而副力舰不够分配的海军，可说是一个头重脚轻的海军。反之，其他的舰很多而主力舰太弱时，若出动作战，重炮的威力太差，小舰往往是白白的牺牲。例如英国在一九三九年九月初，二次欧战爆发时，有主力舰十五艘，巡洋舰五十六艘，驱逐舰一百七十艘，航空母舰六艘，潜水艇六十八艘，鱼雷艇二十五艘。我们若以十为单位，而采四出五入的办法，可说这六种主要舰只的比例是：二，六，一七，一，七，三。这虽不是一个平衡舰队的绝对标准，但海军传统最长的英国的舰种比率，大致可认作一个准绳。增则俱增，减则同减，小有出入还无关系，但不能太随意的武断增减。

重舰，尤其是主力舰，巡洋舰，与驱逐舰三种，以大炮为最要的武器(只驱逐舰有鱼雷，有时与大炮同等的重要)。炮的口径愈大，炮弹重量也愈大，射程也愈远。小舰不能对大舰单独作战，不只因炮力太弱，难以伤及厚甲的大舰，且因射程太短，在根本未能射达大舰时，已先被大舰的远程大炮所击沉。在理论上，这是不可或移的海战原理。但有时也可发生"哥拉夫斯比号"一类的非常事件。"哥拉夫斯比号"上装有十一英寸口径的大炮，三只英国巡洋艇上最大口径的炮为八英寸，多数为六英寸。德舰最远的射程为三万码；英舰为二万九千码，多数的炮只能射到二万五千码。按战理讲，"哥拉夫斯比号"的胜利是无问题的，它的失败是一件意想不到的事，也是使英美海军专家对袖珍战舰根本怀疑的一个主要原因。

海军重炮的射程，最远可达二十英里，约三万五千码。但如此大的距离，瞄准当然难望精确。实际海战时的射程，很少需在十五英里以外，普通仅限于十英里左右。十英里的射程，在训练有素的炮手，可有相当精明的瞄准。

在理论上，海炮可以无限的扩大，正如主力舰的吨数没有绝对的限制一样。但炮愈大，愈难驾驶，射的速率愈低，效力也愈减少。所以今日海上流动大炮的口径，很少超过十六英寸，十八英寸的已为例外。兹将炮弹口径与其相当的重量，列表如下，或可帮助我们要深一层明了炮火的威力的差别：

口径（英寸）	弹重（磅）
一	二
三	一二至一六
四	三一
四·五	四〇
四·七	四五至五〇
五·五	八二
六	一〇〇
七·五	二〇〇
八	二五六
一二	一五六〇
一四	一九二〇
一六	二四六一

军舰除本身的力量外，必须有根据地，方能活动自如。被迫在远离根据地的大洋面作战的舰队，是处在极端不利的地位的，一败则无法收拾。一只军舰不能永在海上继续不断地航行，它必须时常回到根据地去修理，加油，补军火，装入食粮。一只军舰若机件发生障碍或受伤后，因根据地太远而不能自力航行全部的归程，就须其他舰只拖曳，这是非常迟缓而不经济的，且给敌舰或敌机一个理想的目标。负伤后因无他舰拖行，或因任何原因

不便拖行，附近有根据地时或可勉强自力回航，根据地太远就往往只有沉没了。一国若有满布世界的根据地，它的海军就可任意驶行海上，没有受窘之虞。反之，根据地限于一隅的国家，它的海军也只能在那一隅的附近活动，在平时还可依靠别国的援助，在战时就只有自己的根据地才可信赖。在此方面最占优势的是大英帝国，它在世界的任何海洋都有或大或小的根据地。日本是处在劣势的，因为西北太平洋是它唯一可以自由活动的海面，在他处偷袭或作小规模的袭击当然可以，但大规模的活动是不可能的。根据地的大小与设备，也很有关系。一般的补充，任何的根据地都可胜任。但修理的工作非常复杂，主力舰修理尤为困难，并非所有的根据地都能负担。能容纳巡洋舰的小港，未必有主力舰停靠休息的场所。在太平洋大战中，珍珠港与新加坡的重要，除地势外，就是因为它们能够容纳能够修理主力舰，所以由整个的战略形势上讲，香港，马尼拉，荷印的湾港，关岛，以及其他的岛屿海港，都可丧失，而对英美的海军不致有太大的妨碍。但新加坡若失守，英美的主力舰就不能再在南洋以及整个的西太平洋活动，战局的挽回就需要很艰苦的旋转努力。珍珠港若陷落，美国的海军就只有退回本部的西岸，整个的太平洋就都在日本海军的控制中，连巴拿马运河都要遭受侧击包抄的威胁。这当然是一个不可想象的局面，但我们故意陈述一种不可能的发展，可叫我们对于根据地的重要与意义更有深刻的认识。

海战，除少数舰只的遭遇战外，可分两类，一为进攻要塞的登陆战，一为两大舰队的海上决战。历史上大的海战都属第二类，但要塞的进攻，在战略上往往也占重要的地位。海岸要塞都装有重炮，对方的海军要强行登陆，实非易事。要塞上的炮位固定不动，所以炮身与炮外的防护可以大量加重而无太笨之感。军舰上的大炮必须顾及重量的支配，所以较陆炮容易被毁。军舰上的地位有限，对于发炮的便利，诸多限制。岸上的炮台则可尽量布置，复杂亦无妨，所以发炮的速率远高于海炮。最后，舰在海上，即或不向前进，也是时刻摆动，发炮的技术无论如何高明，也难十分准确。陆上的炮台稳定不移，炮手若训练纯熟，经验丰富，则对进攻的海军几乎可施百发百中的威胁，因为以上种种的关系，除非进攻的海军有超远射程的大炮，能在陆炮所不能及的海面上向陆地轰击，则很少直接向大的要塞进攻。若贸然进攻，十之九是要吃亏的，所以日本最近虽把新加坡军港所仅有的两只英国主力舰侥幸击沉。但仍不敢向该港直接进击，而取陆路包抄的战略。由此我们又可认识要塞的另一原理。理想的要塞是完全环水的，如珍珠港，否则就必须防备敌人由后路抄袭。后面的布防当然也可设置重炮，机械化部队，以及空军；但敌人也可用同样的武器进攻，两方可能发挥的威力相等，不似海陆对垒时的陆优海劣之势了。这种包抄也往往是由一种登陆行动开始，先选一个没有重炮防守的小据点，靠海的大炮强行登陆，然后向对海优势而对陆劣势或平等的大据点进攻(新加坡实际是一个海岛，但因距马来半岛南端的大陆太近，在战略上等于大陆岸边的一个要塞)。

大海之上的正面决战，两方全部或大部海军出动的大战，在今日海军建造的消耗费，迟缓，与困难情形下，是不易多见的奇观。海战的特点，就是它总是歼灭战，失败的舰队难以得有返回根据地，重新整理，准备再起的机会；一败之后，就要全部或大部沉没海底，远离根据地而战败的舰队是尤难逃此厄运的。一日的海战，可使一个第一等海军国，一降而为海上全无地位的国家。大陆天府的北美合众国，若遭此种打击，仍不失为一个强国。贫瘠岛国的日本或普遍全世海洋而以海军为神经系统的大英帝国，若遇到同样的损失，就将是一个致命的打击，所以大的舰队多是备而不用，只是可能的威力，而非实际作战的武力。上次大战时英德的两大舰队，始终未曾真正开火。只在北海的雅特兰一役，两大舰队出动，但稍事接触后，两方都因顾忌太多，不约而同地又各自退回本国。假如两个舰队的吨数与火力相等或相差有限时，就都不敢轻易接战。在此种情形下，一般的海战都无主力舰或只有一二主力舰参加，都是两方小分队的遭遇战。反之，如果两个大舰队无论是由于一方的主动，或双方的互相情愿，而对垒作战，在一般情形下，吨数较重，炮力较大的一方可说是有胜利的把握的。如果相形之下，一方在吨数与火力上显处劣势，则绝少陆地上精神战胜物质的可能，劣的一方必定失败。以太平洋的局面而论，英美的海军若能大部移用，当然是对日本处于绝对的优势，可操必胜的左券。但若一日英美真能放心大胆的如此去做，那时的问题将是一个移动摆布与诱敌出战的问题。因为到那时日本的海军主力必坚守本部而死不露面，英美仍难远离根据地向它进攻。除战争策略的巧妙运用，或可诱敌或迫敌出动外，当然经济的压力最后也可能逼得日本孤注一掷而冒险在太平洋的波涛中与英美的优势海军一决雌雄。

海上的大决战有如下棋，军舰是棋子，两方的统帅是棋手。每个统帅都有一个全盘的计划，时时刻刻都想先胜一着，或防止对方取胜一着。统帅必须注意对手的每一举动，不只要看他是否威胁自己的舰只，并且要随机应变，随时决定自己所要走的下一步骤。在整个的战役中，统帅总是想抵消对手的动作，同时又想把自己的舰只摆布到有利的地位，但与下棋的一个不大同处，就是统帅没有长时间考虑的机会，他的决断必须敏捷，又须正确，方有制胜的希望。一个大海战的战场，可以拉长到十英里甚至十英里以上。统帅若要指挥自如，必须每时每刻都知道自己每一舰只的所在地位与航行方向，同时又必须在可能范围内尽量探知对方舰只的态势，实际上这往往是不可能的，不只对方的情形不易清楚地知悉，在火烟太浓或海浪太大时，连自己的舰只有时也不易全部辨清。

但统帅必须竭尽人事。统帅的旗舰上有一个战图室，室中备有一个大棹，棹上布有整个舰队中每一个舰只的地位，航向，与速率的标识，统帅的每一命令，任何属舰的一个报告，以及巡逻舰与飞机由敌方所探来的每一消息，都要在战图室的大棹上登记，有专门训练的人员替统帅在棹上摆画出明晰的图影。每一舰只只知道自己附近的情形，只有统帅总知全局，所以即或一个舰只收到一道好似完全不通的命令，它的舰长也必须毫不犹豫地去尽力执行，因为一点与全局的看法是当然不同的。统帅总是想要每一只敌舰受尽自己的炮火的控制，否则对方将有一部的舰只可以坦然地向自己方面瞄准射击。

海上的统帅与陆上的统帅有一个大不同处。陆上的统帅可以"运筹帷幄之中，决胜千里之外"，远处绝无危险的后方在策划一切。即在机械战与闪电战的今日，陆军统帅遭遇个人危险的机会仍是微乎其微。海上的统帅却是身处战争火线的中间，所冒的危险与任何的一个士兵完全相同。

虽有战图所供的战影，统帅的责任仍是困难很大的。他属下的每一舰只，时时刻刻在移动，所以战图必须时时刻刻随着变化。一个大舰队中各种舰只都有，各有特殊的任务。巡洋舰是舰队作战时的前哨，往往远布在视线之外。它们要探访对方的情势，又要防止对方探得自己方面的任何消息。巡洋舰的后面是潜水艇，准备攻击偷过巡洋舰前哨线的敌方舰只。真正开火之后，它们往往前去袭击对方的主力舰。在阵势方才摆成时，主力舰在潜艇的后面，大致可说是全阵的中央。在主力舰未开火前，周围都有驱逐舰保护，防止大舰被对方的潜艇袭击。在开火后，驱逐舰须要对抗敌方同类舰只，或用鱼雷进攻各种的敌舰。但当两方的主力舰已接近到有效的射程之内时，驱逐舰必须赶快躲开。因为主力舰上的一炮可把一只驱逐舰打成粉碎。在较远的后方有航空母舰，带有子机，负巡逻侦察与空中进袭的任务。

战事开始时的队形，在战争进行中往往不能全部的保持。在战役开始之前与进行之中，一个舰队间命令与报告的传达非常繁复。无线电传达消息虽然便利，但在海战时用的并不多，一因敌方可以偷听消息，二因无线电机易为炮火损坏，三因消息的传达常有被对方电波扰乱的可能，所以旗语与信号机仍是海战时传达消息的重要工具。距离太远时，消息可用秘密符号的探照灯传达。只有在各种方法都不便或根本不能使用时，才用无线电传达消息。为免除混乱起见，每一舰种，由主力舰以至潜水艇，都各用预定的特殊波度。队形的改变，以及战役中所有的动作，都是由上述几种传达消息的方法去发号实现。

由以上关于海上作战的简单叙述，我们可知那是如何复杂的一种技术。海上统帅的地位与责任，远较陆上统帅为重要，对于结局的胜负，他个人的关系大于陆军统帅。所以如果人事方面太差，一个大的舰队仍可为一个较小的舰队战败，虽然此种可能性并不太大，因为海军的将吏都是经过严格的选择的。但在两方统帅的谋略与智力相等，两方军士的训练与士气无甚差别的情势之下，吨数较重炮火较烈的一方，仍是十有九稳的操有胜算。

（原载《当代评论》第一卷第二十五期，1941 年 12 月 29 日）

战后世界与战后中国

对于战后的世界我们当然有种种的希望，但热心不可过度，以免将来事与愿违，失望而不能自拔。长期大战所自然产生的心理疲乏，使人对将来容易发生许多的幻想，有意无意间常将自己不切实际的希望或他人另有作用的宣传认为把稳的真实，因而看事太易，毫无根据的乐观心理支配一切。除眼前的一时快意外，此种心理全无是处，并且可以发生严重的后果。第一次大战时的各种口号，如"为民主的战争"，"消弭战争的战争"之类，当时何尝没有博得整个人类的热烈信仰，但事后证明须要大打折扣，后来一部分的发展甚至与这些口号完全相反。抗战中的中国，尤其在太平洋大战初起的时候，许多人不免认为最后的胜利即将到来，到来后一切皆有办法，无往而不顺利。胜利当然是绝对必需的条件，但胜利后问题正多，今日所难想象的许多困难一定会不断地发生。一时的热情过去之后，最近大家多已感到将来问题的多而复杂，因而消极与失望的心情又时常流露。这正是当初过度热心所引起的反应。我们若由一开始就保持合理的希望，当可免除此种自寻烦恼的心理起伏。我们试先推敲一下战后世界的可能局面，然后再看中国在此局面中可有何种合理的希望与实现希望的方策。

战后世界的第一个大前题，就是国际联合组织的问题。罗斯福总统所创的"联合国家"一词，已被所有同盟国的人士所采用，大家无不感到此词的意味深长，可见一种超国家的世界组织是多数人所企望的目标。但战后若真要实现一个笼罩所有反侵略国甚至也包括战败而改辙的轴心各国在内的国际组织，事实上是一个非常艰巨的工作。大国各有自己的传统，各有自己的最高国策，传统国策间的矛盾，在非常危急之秋可以暂缓谈起，危机一过，旧日的摩擦与恩怨必会重新抬头。在过去任何一次大战后的和平会议席上，当初并肩作战的同盟国没有不尔诈我虞，各为私利而争斗的，对于盟国的愤激有时可以超过对于当初敌国的仇恨。我们当然希望此次战后可免过去的覆辙，但迄今为止，我们并未见到人性根本改变的迹象。欧美的盟国，以英美苏为最强，三国之间，除美苏过去尚无太严重的矛盾外，英苏之间与英美之间历来都有根本利益的冲突，若谓将来这些问题都可消弭于无形，恐怕是令人难以置信的。

从前的英俄与今日的英苏之间，问题非常复杂。一九一七年以前，英国嫌俄国太专制，俄国嫌英国太民主；今日英国又嫌苏俄太激烈，苏俄又嫌英国太保守。总而言之，两方在心理上与精神上始终没有互相信赖的基础。主义制度的差异大半只是互争的口实，两方即或有一天在名义上能互相同化，相猜相争的现象仍不会消灭。黑海，巴尔干以及整个的近东与中东，历来都是两国的角逐之场，将来这些问题也必仍是两国关系的阻碍。对于此种情形，最少英国方面并不讳言。前任英国驻苏大使，现任英国掌玺大臣的克利浦斯爵士，近来的发言非常率直，公开地承认两国间仍多猜忌。他虽不肯指出具体症结的所在，但我们由伊朗问题的解决迟缓，很可看出两国关系彻底改善的困难，伊朗问题发生，英苏合同进兵，已是半年以前的事。半年以来消息沉寂，直到最近英苏与伊朗间的合作条约才正式成立。我们很可想见，半年来两强之间必有不少的来往折冲，其内情恐怕非至战后无从知悉。

英美之间的问题，与英苏性质不同，在任何情形下英美大概也不致再正式地以兵戎相见。但这并不是说两国间的问题简单易决，更不是说两国将来可以完全合作无间。例如在一九一四年以前，英国的海军甲天下，有所谓"两强标准"的海军政策，那就是说，英国海军的吨位最少要与世间任何其他两国的总吨位相等。一九一七年美国参战后，海军骤强。到一九一八年英美胜利后，美国的海军已与英国并驾齐驱。战后英国屡向美国示意，希望美国减裁海军，认为一片大陆的美国并无与海洋帝国的英国在海上势均力敌的理由。但美国始终不肯接受英国的明言或暗示，照旧维持与英国同等的海军。第一次大战后两国间的紧张空气，根本都由此而来。最后在一九二二年华盛顿会议席上，英国总算接受了既成事实，定了英美日三国海军的五五三比率，这等于正式承认美国的海军与英国相等，"两强标准"至此已降格为"一强标准"了。现在第二次大战又起，美国的海军有超乎英国之上的趋势，战后美国的海上实力将要强于英国，恐怕是无可置疑的。英国在海上是否肯屈居人下，连"一强标准"也肯虚心地放弃，大值注意，将来这种局面很可能会引起英美间的心理隔阂，最少可以影响国际联合组织的顺利进行。再如南美一向是英美资本的争胜之场，近年来美国的势力日强，将来除非英国愿意退出南美的场面，两国间必不免仍有明争暗斗的举动。美苏之间，明显的利益冲突尚不甚大，但思想与精神的矛盾也正与英苏相同。美国对于宗教信仰自由的特别注意，苏联为得英美的接济，对于宗教的压力已经减轻。但这是否永久的政策，今日尚难断定。战后的苏联若又恢复当初的反宗教政策，绝不是美苏合作的一种助力！

上列种种的基本矛盾，可使我们知道，战后的国际联合组织，无论短期间的或名义上的是如何的美满，最后的发展必有严重的困难。全世界可能会有一个暂时的整个组织，欧美三强都可以参加。但长久的与实际的组织，必有三分天下之势，英国与大英帝国，美国与新大陆，苏联。英美之间的可能问题，大致尚为简单，美苏之间大概也不致有太严重的纠纷。但英苏之间，除传统的竞争外，必会发生欧洲大陆控制权的争夺。可能苏联占有东欧，英国占有西欧，说定各不相扰。但除东西的界线根本难划外，苏联占东，鞑靼尼尔海峡与苏彝士运河就都直接或间接地成了问题，英国决难安心。并且德国到底属东或属西，其问题之复杂今日尚难想象。纳粹战败之后，德国内部必起革命，那个革命究竟是取英美的民主方式或苏联的共产方式，仍在未定之天，但这种革命的方式就必成为三强间的竞争焦点。第一次大战后，英美视当初盟国而后来革命的俄国为仇敌，进兵干涉，已是怪事。此次战后，英美一方或苏俄一方会不会因德国革命的方式转而视它为友而与它并肩对抗当初盟国的另外一方，这虽好似想入非非，但却是极可能的一种发展。发展的过程若过度的不幸，整个国际的公同组织就会连暂时的与表面的实现都不能达到。战后国际间的空气，比第一次战后还要紧张，并非不可能的事，虽然真能自主国家的数目远少于一九一八年以后的世界。

战后的中国，必须在此种变幻莫测的世界中，谋求自处之道。将来的世局，比过去还要严酷，所以第一前题，我们必须认清现实，决不可有一点的自欺自娱。我们首先须要明了的，就是中国并非强国。抗战前我们的自卑心理特别发达，事事感到不如他人，而外国的事物则无不美满。抗战后，尤其近来因太平洋战局的临时失利而许多外国的发言人对我们大赞大捧后，我们又有一种与前相反的自高心理发生。无理的自卑当然不妥，但缺乏根据的自高更要不得，两者都是精神不健全的表现。"四强"一词，使许多人听了得意忘形。外人先如此说，我们自己也就又惊又喜地拿来引用。我们在今日的情形下当然要以君子待人，相信外人如此说法并无不可明言的作用，但我们若认真起来，将来必吃大亏；即早猛省，还可免贻后悔。我们除地大人多外，其他一切强国的条件都极端的缺乏。轻重的工业与军事的工业，纯粹的科学与实用的科学，专门知识的造诣与一般知识的水准，专门的人才与一般的人才，凡此种种，我们无不落伍到可怜的程度，质既未达世界的标准，量更相差甚远。我们只能利用抗战的机会与战后的局面，使这些必需的条件赶快具备，不久的未来真能既不自愧又不招侮的列于强国之林。别人硬说我们是"四强"之一，当然有他们的苦衷。今日与将来的和平会议中，我们不妨善用此种苦衷，但无论在朝与在野的人士，心中却万不可真的如此自信。

第二点我们要切实认请的，就是"国家至上，民族至上"的道理。这在今日好似已成老生常谈，但实际不只许多甘心自外于国族的人不明此理，连自认为无愧于国家民族的人也往往未能彻底地认识国族的真谛。一切所谓世界主义、国际主义或阶级利益等等，当初虽或是少数理想家的真言，但今日已都成为国际勾心斗角中的虚伪口号。我们最多能把这些认为久远未来的一种渺茫希望，决不可作为今日国策的起发点。热血的青年容易接受动听的口号，对此尤不可不慎。希特勒被打倒之后，可有更大的混世魔王出现。日本被肃清后，还会有比日本尤为可怕的侵略国家在。千万年后的黄金世界，尽管如何的使人向往，目前的现实是立国于今世必须成为一个坚强的战斗体。只有真正的强国才有资格去谈大同，那不过是阔人的奢侈品而已。弱国而谈，国际主义，弱国而真信大同，是十稳的自取灭亡之道。中国二千年来的大一统局面，使一般人都无外交的经验与外交的认识。春秋战国的外交传统，后人已经忘记，连读书人也根本不能了解。今日欧美的外交技术，我们也尚未彻底地学习，所以多数人极易为别人的外交辞令或主义宣传所骗，被人利用而放弃国族立场的人不必说，连忠于国家民族的人也常于无意间被人欺骗而不自知。我们一个最大的毛病是对内老练而对外幼稚。大一统的帝国，与近代化的国家不同，并无严密的组织，一切的公事多不认真。我们习惯于此种情形，所以对于一切人物皆知其在"作官"作戏，对一切言论皆知其为官样文章，甚至对于真的人物与诚的言论也不肯相信。此种世情，连一个比较成熟的中学生有时也能明了。但对外人的言谈举动，即或是一个老于事故的人也时常去不折不扣地接受，也就无怪许多青年死心塌地地去受外人利用了。我们对外似乎不妨提出一个口号，就是"先小人而后君子"。正式的外交也好，国民的外交也好，都切忌弄假成真，辞令与事实必须分辨清楚。我们虽不妨希望各国将来都能改变过去的作风，却必须提防他们不改，只能假定他们将来还是一仍旧贯，一切必须及早预防。对于任何的甜言蜜语必须加以研究，研究的原则就是言语愈发甜蜜就必愈发可疑。我们若拿对内的聪明转而对外，就无大误了。国事与私事不同，宁可诬枉好人，也不可自作好人而入别人的圈套，以致国家吃亏。抗战后我们虽有自高心理的表现，但百年来的自卑心理仍未能全部剔除，对外人过度相信的心理，连正式负责的人士也仍有时刻预防的必要。今日要如此，将来和平会议席上尤其要如此。殷鉴不远，就在一九一九年的巴黎和会！

　　以上两点彻底地认清之后，将来建国的方案就容易决定了。根本的问题，当然是力的问题。实力的建设，是根本的条件，其他都是枝叶。军备必须充实，且必须近代化。重工业与国防工业必须能独立。我们此次抗战可靠外来的接济，下次对外作战时也可能就无外援。靠人不如靠己，根本的国防尤其如此。在陆地上我们有现成的强大陆军，但战后必须设法赶快的高度机械化。我们万不可因此次能以低劣的武器抵抗日本，就以为将来仍会第二次再有如此的便宜局面发生，我们此次诚然可说是精神战胜物质，但精神抵挡物质，有它一定的限度，超此限度，任何热度的精神也不过是徒供毫无代价的壮烈牺牲而已。日本在列强中是机械化强度最低的国家，我们此次抗战的盛旺精神，加以地形的便利，可说正足抵住此种低度机械化的日本军队。我们的精神若略动摇，当然要失败。但日本机械化的程度若略高一点，恐怕我们也就早吃大亏。英美在太平洋战事中的失利，主因就是所能移用的飞机大炮与坦克车太少，进攻当然不能，连退守也往往谈不到，大多时只有投降或被歼灭了。法国的战败与屈服，失败主义与精神颓靡当然要负很大的责任，但法国武器的落后也是一个战败的重要因素。对于一九四〇年夏的法德之战，今日虽仍不能作一个最后的判断，但许多目击其事的人都承认，法国一部的将官与大部的士兵仍然保有传统的英勇，仍肯为国牺牲。但法国的飞机与坦克车少得可怜，简直无从与德军接触。戴高乐远在一九三四年就大声疾呼，劝法国军部彻底地采用机械化政策。法国不听，戴氏的计划徒供纳粹去作参考，六年后拿出来在法国作一次大规模的试验！法国的军人若不过度的保守，若肯及时采用戴高乐的计划，一九四〇年的法国尽管精神腐败，也未必就会不到两月而战败亡国。即或不能攻入德境，最少也可抵住德军的进攻。我们当然希望人类不再打大战，但中国将来若再打仗，对方一定是高度机械化的国家。国防可以久备而不用，却不可片时没有充足的国防。我们若不急速地发展重工业与国防工业，将来只有白白地去作英烈的牺牲，为异族的后世诗人留下一段悲壮史诗的资料而已。

陆空军虽然重要，仅有陆空军是不够的。历史上的中国虽为大陆国家，但今后的中国必须兼顾海洋，否则就只有永作他人所封闭的内地国。无海军而成强国，是不可能的事。我们当初只要有仅足防卫海岸的小海军，此次抗战的局面就必大不相同，很可能日本根本就不敢起衅。海军的建设，代价既大，时间又长，是建军中最艰巨的工作。我们应当极力设法使日本德意的海军作为我们战后所得赔偿的一部分。此点达到，决非易事，根本能否达到，或能达到如何的程度，都要看今后我们对于联合作战的供献，战事结束时中国军队摆布的形势，与和会席上我们外交家的手腕了。但这只是一时之计，将来我们必须认真地自造海军。制造军舰，尤其是主力舰，只有高度工业化的国家才能胜任。谈到"力"的建设，由始至终都离不开工业化。一个工业落后的国家，在今日的世界绝无立足之地。

物力的开发与地域有密切的关系，所谓工业化并非漫无计划的全国各地的平均发展，重工业与国防工业尤其要注意所在地的安全性。在去年十二月太平洋大战爆发后，后方许多离乡背井四五年的人士，都兴奋地猜想还乡的时日，以为日本不久失败，大家就都可回到平津京沪汉粤各地的安乐家乡。或者亲戚骨肉仍在故乡，或者田产家园远在东国；即或亲友已都来后方而乡里亦无财产可言的人士，梦寐之中也无不憧憬多年不见的风光景色。这都是人情之常，不只可原，并且可敬。但此外恐怕或多或少还不免另有一种心情，就是回乡享福的心理。除少数在后方曾发国难财的人之外，一般人流离失所，受尽了物价高涨与衣食艰难之苦，回想战前故乡的优裕生活，难怪令人神往。这一种心理，虽也很自然，却就不很可原可敬了，除非我们愿意中国将来仍似战前的醉生梦死，把多年艰苦抗战所得的结果全部付之流水，否则我们这一代的青年与壮年就绝不能再存享受战前清福之念。一切可以节省的物力，将来都要用之建国，而建国的初步要着重于重工业与国防工业。两者都不产生日常的直接消费品。正如第一次五年计划时的苏联一样，在偏重国防业与重工业的阶段，社会的生活必然痛苦，因为一切的制造品都是武器或制造其他物品的工具，而非直供享受的货品。我们中国，无论原料与人才，都极感缺乏，所以这种建设必定较苏联尤为困苦，大家对于生活享受的牺牲非达到人性所能忍受的最高点不可。抗战时期，政府因有种种顾忌，只得听任许多人去投机，去无谓的享乐，但大规模的建国时期，政府无需再如此的客气，物资的统制必较今日为彻底。不只国内的制造要偏重国防与机器，国外的输入也要特别严格的限制，不必需的奢侈品绝对禁止，国内所缺必需品的输入也要减到最低的限度。谈到此点，就又回到我们上面所讲大家急于还乡的一事。战前各种的建设都集中沿江沿海一带，因而不被破坏即供资敌，我们将来的建设要引此为戒。重工业与国防工业是国力的根本，特别要设置在比较安全的地带。在立体战争的今日，无论国防如何的充实，沿江沿海或太近邻国的地带也不安全。由整个国际的局面来看，建设大西南，在战时是一种口号，在战后却必须彻底的实现。我们将来一切基本建设，当以黔滇川康各省为中心。直接的国防建设，如炮垒、防线、交通路线之类，当然要特别注重江海一带，这是国防第一线的必需条件。但基本的国防建设，只能有一小部分设在这些地方，作为急需的接济站，主要的长久的供给来源，必须设在大西南。战时迁来后方的技工，将来不只不当减少，并且必须设法大量地加多。我们一面要用种种优待的方法鼓励原有的技工留在西南，一面要用速成训练与初级工业学校急速地训练大批的技工与中下级的工业干部。可供我们建设的时限，并不太长，我们必须抓住机会，尽量利用。大家且莫急于还乡，若把西南掉头不顾，且防一二十年后再仓惶地到此来逃难！

任何的建设都不能离开学术。西南既是工业建设的中心，也就当有几个全国性的最高学府，作为人才的产生地。平津京沪汉粤的局面，将来必须恢复，并且也正因这些地带以后仍是国防前线，有历史有供献的几个原有大学仍须迁回，以支撑国防前线的局面，正如"九一八"后平津各校的支撑中原残局一样。但一部的人才，甚至少数并无必须迁回理由的学校，不妨仍留在西南，例如构成西南联合大学的北大、清华、南开三校，因为各自的历史与北方需要的关系，将来仍须回到平津，但西南联大却不妨照旧地存在，作为西南学术建设的一个中心。四川的许多学校，也可斟酌各校的历史与原来地的需要，决定去留。学校的去留或新校的添设，与人才有重大的关系。如联大三校，原有的师资已感不够，更何能分留一部与西南联大？即以多数大学而论，一系只有一两人支持场面，并非太例外的现象，因需要迫切而对大学教师的资格不事苛求，更是公开的秘密。症结所在，当然是人才的根本缺乏。但过去人才产生政策的漫无计划错误，对此也要负很大一部的责任。近代化所需要的各种人才，在过去与今日大致是由留学政策产生，清末民初的留学，失之漫无计划，滥送学生，不问程度与准备，也不干涉各自所习的学科。抗战前几年的政策又失之目光浅短，急求近功，专送实科工科的学生，送时又不得其法，以致实用的人才未见增加，而文法与纯粹科学的人才已经大闹恐慌。我们若以世界学术的标准为标准，国内现有的人才恐怕还不够维持五个像样的大学。但这并不是说我们就要因噎废食，停办高等教育，我们必须在不得已的情势下，另想办法。从长计议的留学政策即当划定，人才应该平均地发展，若有所偏，宁可略偏于纯粹学术方面。技术的人才，无论是工农各科的教师或工厂农场的技师，暂时不妨多聘客卿。只要管理之权在我，技术人才多用外人，并无大碍。苏联在工业化的过程中，就是采用此种政策的，其成功可由对德抗战看出。大学文理法科的基本人才，却非以自己的人为主不可，因为这是与国家民族的整个文化政策与文化行动有关的。但在万不获已时，也可聘请少数的欧美专家来协助。聘用客卿与留学政策，当然都是一时的权宜之计。但建国专业的完成，最快也需一二十年的工夫，在此期间我们必须不断地请外人协助或到外国学习。完善的计划与认真的实行，可使此种不经济的办法收到较高的效果。

假定建国的事业能够顺利地进行，在进行中，尤其在将近完成时，我们对外须有审置周详的最高国策。此事微妙，在全世战火正炽的今日不便多说。但大体言之，我们的国策必须注重两方面，一南一北，东四省是我们天然资源的宝地，是工业化所必不可少的地带。工业的重心虽在西南，东北也须有第一线的工业建设。机械化的陆军与空军的建设，须特别注重此地。东北无论在过去与现在，国际关系都非常复杂，在将来也不会简单，我们必须计划周密，方能保障此地不再成为国际角逐中的牺牲品。国策的第二个方向就是南洋。南洋非我所有，我们没有直接的政治计划。但泰越与南洋群岛是闽粤人的第二故乡，在海外华侨的一千万人中，南洋约占七百万，南洋过去的开发与今日的维持多是华侨的功劳。在许多商埠的人口中，华侨或占绝对的多数，或操经济的实权。例如在新加坡，华侨占人口的百分之七十四，在西贡占百分之二十七，在海防占百分之二十四，在巴达维亚占百分之十七，泰京曼谷的华侨，据官方的统计为百分之三十二，但许多自认为华侨的，泰方硬说他们是泰人。实际华侨约占百分之九十。最近南太平洋战局的失利，因为华侨的关系，中国比英美荷兰尤为关心。并且由久远的立场来看，中国二千年来历史的主流就是向南的发展。南北朝以下的正史中汗牛充栋的记载，可说大多没有搔到痒处，皇帝的起居注，大臣的言行录，制度文物的技术问题，几乎都全不相干。先秦的中国是黄河流域、淮水流域与长江北岸的中国，长江以南仍是不甚重要的边地。自秦汉向南拓土后，六朝时代是江南之地完全中国化的时期。隋唐时代闽粤之地才变成中国不可分的一部。云南到明代才与中国合为一体。而由明代起，中国又开始向南洋开拓，大规模开拓的一个最大功臣就是一个云南人，三宝太监郑和。以二千年来的自然趋势而论，南洋与中国的关系可说是有必然性的。我们将来要建设海军，除一般的作用外，主要的着眼处就是南洋。东北与南洋，中国必须永久把稳，方有光明的前途。

（原载《当代评论》第二卷第五期，1942 年 7 月 24 日）

埃及战争

今夏六七月间，是同盟国一个最危急的时期，也可能是最后一次的险境。纳粹的夏季攻势相当的成功，苏联黑海舰队所依的第一大港塞巴斯托巴尔陷落。英国屡用千架以上的飞机去轰炸德国，也不能挽救苏联前线所受的挫折。同时较东线尤为吃紧的就是北非前线。两年来的北非战局，虽然反复无定，但大体是英国多占或少占利比亚土地的问题，英国所依为根据地的埃及，除一二不重要的边垒外，始终未受轴心的蹂躏。但本年六月情况大变，英国所面对的已不是可怜的意大利军，而是可畏的德意志军，战局骤然逆转。据丘吉尔事后向国会的报告："六月十三日以前，战事尚在相持阶段，然至六月十三日战局乃发生变化。当二十五日上午吾人约有坦克三百辆，迨至黄昏时分，除轻型之司徒华式坦克车外，仅余坦克七十辆。吾人对于敌军则不克于以相当之损失。余对于该日战事何以失败，并无所悉，余仅能以事实向诸君报告。"四个月以后的丘氏是否对内情仍无所悉，只有到战后方能断定。无论是因盟军调度有误，或德军出奇致胜，但当时结果的严重是令人心悸的。北非重镇的多布鲁克已于六月二十日失陷，守军大部被俘，再经过二十五日的大败，盟军的颓势几至不可收拾。埃边已不可守，二十六日盟军退守埃境以内佛卡与梅尔萨玛特鲁之间的阵地。二十八日梅城又撤守，七月一日两军在亚历山大港以西七十英里的艾尔阿拉敏交锋。这正是塞巴斯托巴尔危殆的时会，四日塞港陷落，同时全世界的同盟国人士又都为亚历山大港担忧。亚港如再陷落，德军就可经苏彝士运河，囊括巴力斯坦、叙利亚、伊拉克、伊朗等地，一方面北向与欧洲东线的德军夹攻高加索，一方面东征，甚至与日军会师伊朗或印度。当时解救这个危机的有两点：一是德军交通线的困难，一是英国空军比较占有优势。沙漠行军有它的特别困难，最困难的莫如饮水的接济。德军愈向前进，各种接济的问题愈发严重。同时，英国因在空中拥有优势，又可阻挠德军后方的补给线。至七月八日，战局已渐澄清，德军对艾尔阿拉敏区已无力全部攻取。

十一日再战，但对战局无大影响。此后三个多月的时间，两军即对峙于艾尔阿拉敏一线。这是最近埃及大战再起时的前线态势。

交通的困难与空军的劣势是三个月来北非德军统帅隆美尔所不能解决的问题。反之，英国则能利用海空两面的优势去补充埃及的盟军，以备反攻。德军对此并非不觉，也极力补充人力物力，近来对马尔太岛的不断袭击，就是因为它是意大利北非间交通线上的一个最大障碍。经过三个月的酝酿，英国的准备已经成熟，在大英帝国地位与声望仅次于丘吉尔的南非首相史末资氏，于十月二十一日向英国国会发出反攻的呼声："同盟国发动大举攻势之期即将届临，盟国战略之守势局面现已结束，战争最后阶段，即攻势之时期，业已成熟。"史氏当然不肯说明最初反攻的地点，但两天之后，十月二十三日，英国第八军偕同友军，包括自治领军，战斗法国军，希腊军，即在强大空军的掩护下，开始在埃及进攻，德军阵线被突破。十一月五日，轴心军开始溃退。德国有名的非洲军团司令索玛将军被俘，于隆美尔返德期间暂代司令职务的史德姆将军遭击毙。意大利方面则有亲王二人阵亡，师团长史各蒂将军被俘。轴心飞机在空中损失的有三百架，在地面炸毁的也有三百架。德意军被俘的，截至六日止，已有两万，七日又有意军四万人弃械投降。此外尚有战利品坦克三百五十辆，大炮四百尊，及车辆数千。至七日，盟军的步兵已越过佛卡(在艾尔阿拉敏以西六十五英里)，向梅尔萨玛特鲁(在佛卡以西四十五英里)推进中。空军不断的向西追逐轰炸，使德军不得片刻的休息。现在的战局又呈显波兰之战与法兰西之战的征象，握有空中绝对优势的一方可在天空毫无阻碍地飞行，无足量空军掩护的一方就只有在地面毫无停息地飞跑，所不同的是今日飞跑的不是盟军，而是德军！德军因感逃回利比亚的困难，原有佛卡及梅尔萨玛特鲁之间沿海岸后撤的企图。但海空的优势都操盟军手中，此举未能实现。

此次的胜利与前不同。以前的对手是不值一击的意大利，而此次是强劲的德意志军。这证明盟军的胜利是有把握的胜利，英国中东军总司令亚历山大将军与第八军军长蒙哥玛利将军的功绩，不致再像前两年几次北非胜利的昙花一现。此次胜利的影响甚大。埃境的德军肃清之后，轴心对于苏彝士运河的威胁就可彻底解除。七日，美军在法属非洲登陆，至此埃及的战事已与盟军登陆的行动打成一片，战事的范围与意义更加扩大。关于盟军登陆，本期本刊已另有专文评述，此处不赘。七日以后的一周中，英军已于十二日追入利比亚境，十三日占领巴第亚与多布鲁克，仍系多港的南非俘军四千人因得恢复自由。十五日，又进占德尔那。至十五日止，轴心军在埃及与利比亚死伤与被俘的已达七万五千人，而意大利的将星又纷纷地降落，被生俘的已有九座之多。昔兰尼加境内，只余班加西一港尚在轴心手中，大概不日可下。今后几周内，只是盟军东西夹攻第黎波利坦尼亚与突尼西亚的问题了。

（原载《当代评论》第三卷第二期，1942 年 11 月 22 日）

法属非洲——西方的第二战场

十一月七日，美军在英国空军的协助下，由大西洋及地中海向法属非洲的摩洛哥与阿尔及利亚大举进攻，酝酿将近一年之久的第二战场居然出现了。第一批军队自直布罗陀出发，共有舰只七十余艘，其中计有航空母舰四艘，战斗舰四艘，巡洋舰与驱逐舰十七艘，运输舰二十余艘，此外为各种的辅助舰。至于此次登陆所用的全部舰队，共有八百五十艘之多，其中有三百五十艘为军舰，五百艘为运输舰与辅助舰。这是前所未闻的参加登陆战役的庞大舰队。同时尚有空运部队与降落伞队由英国直航北非，全程一千五百英里，也开了空运部队航程的新纪录。

八日维琪即正式与美国断绝国交，贝当并以元首地位，下令法军自卫。这都是题中应有的文章，我们无需追问是出于自动，或由于轴心的压迫，或两种成分兼有。无论如何，这与大局的发展，是无什关系的。美国国务卿赫尔所谓"对于维琪是否与美国绝交事，认为不足重视"，真是一语破的。时至今日，维琪无论对盟国，或对轴心，都已无足轻重。

盟军在法属摩洛哥与阿尔及利亚沿岸的各港一齐登陆，登陆的情形大致顺利，陆地上的阻碍尤其微不足道。所以摩洛哥的重要港口莫卡多尔，卡萨布兰卡，都相继被占领。阿尔及利亚的港口阿兰，阿尔及尔，布基，腓力普维尔，波拉那，也都落入盟军之手。至十一日，陆上的战事已经停止。至十四日为止，只有距离意大利海军根据地太近的突尼西亚的港口突尼斯与比塞大，因盟军不便过度冒危由海上直接进攻，尚在盟军与轴心军的争夺中。据十四日的消息，突尼斯与比塞大两地的法军已开始对德国由海空两路运来的军队作战，事实上北非的法国陆军已又回到盟军的阵营中了。

法国的陆军向无仇视英美的传统，目前也无仇视英美的理由。据欧洲战场美军司令兼北非盟军总司令艾森豪尔将军事后的说明，远在数月之前，于盟军副总司令克拉克将军之领导下，就有英美的军官团潜入北非去活动，与法方的领袖多人举行会谈，当时即已商定将来合作的方案。盟军登陆后所遭抵抗的微弱，除法国军根本同情盟军外，英美军官团的冒险与会商也不无关系。并且吉罗将军又到北非，对于法军与英美的合作也必曾增助不少。吉罗为人机警到难以置信的程度，于一九四〇年被德国俘虏后，不久竟然逃回法国，虽有维琪人士的监视，他现在不知如何又逃到北非。这个妙人在法军中声望显著，必可如戴高乐一样的号召法军，与盟军加紧合作。

海军的情形大不相同，法国海军一向有反英美，尤其仇英的传统。法国海军对于强大的英国海军不免忌妒，由忌而恨，所以法国的海军人士对于英国多少都有一点仇视的心理。达尔朗就是此种态度的象征，达氏的仇英是一向著名的。一九四〇年六月法国向纳粹屈服的时候，陆军当然无从逃脱，但法国的全部海军大可开往英国或北非，继续抵抗，当时英国也极力呼吁法国的海军如此行动。果真如此，今日的北非登陆就无需要，法兰西的民族地位也不致降落到连荷比诸小国都不如的地步。但海军总司令达尔朗不肯下此命令，法国的舰只，除极少数的小船舰外，也没有自动投奔英国的。不仅如此，并且二年以来达尔朗更换了不少的海军将官，凡有倾向盟国嫌疑的都被免职，代以极端仇英的分子，所以目前法国海军中的仇英空气只有较从前还要浓厚。认清此点之后，我们就可明白为何北非的法国陆军只作一种象征的抵抗，而法国的海军反倒拿出对德作战时所未有的勇气了。九日，在卡萨布兰卡的海战中，法国三万五千吨的主力舰"约翰巴特号"被击中焚烧，驱逐舰一艘被击沉，若非法国的抵抗过度的认真，损失绝不会如此之重。此次抵抗的对象幸而还是美国，若是英国，法国海军的勇气更不知要如何的焕发了！

法国残余的海军，除亚历山大港与法属西印度群岛中的两个小舰队，被英美监视不能移动外，主力都集中于法国自由区南岸的土伦港。德国因对维琪政权已无特别的需要，由十一日起开始占领南部的自由区。自此法国连名义上的自由也已丧失。希特勒认为人尽可欺，居然声明此后维琪政府可在法国全境自由行使政权，不再受有限制！至此土伦港的海军也已处在轴心的控制之下。土伦的海军计有战斗巡洋舰二艘，旧式的战斗舰一艘，一万吨左右的重巡洋舰四艘，轻巡洋舰三艘，一万吨的航空母舰一艘，驱逐舰二十五艘，潜水艇二十六艘，水上飞机供运舰一艘，力量相当的雄厚。亚历山大港的法国舰队，计有新式的万吨巡洋舰四艘，较旧的二万二千吨主力舰一艘，驱逐舰三艘，潜水艇一艘。亚港的法国舰队，英国若欲接收，当非难事，但英美恐怕不愿用此武力达此目的，法国的海军军人是否肯自动的再助英国向轴心作战，也成疑问。关于强大的土伦舰队，德国仍在设法牢笼，所以在十二日法国全境已被占领时，希特勒特别宣传土伦港除外，表示对法国的海军仍然毫不干涉。虽然有各种法国海军已经开出，或投奔英美，或向英美作战的矛盾传说，看来都不可靠，原在土伦的舰队仍然泊在土伦。法国的海军军人至今仍然执迷不悟，是使对于法兰西民族最表同情的人也有感头痛的。海军上将达尔朗九日在阿尔及尔被美军俘虏，但至十一日达尔朗又恢复自由，并且声明此后与英美合作，十二日他并由阿尔及尔向土伦的法国舰队广播，命令它即驰北非，与盟军会合。在没有其他的证据前，我们只能认为达尔朗是过不惮改的君子，此次的转变完全出于至诚。但比较近情的解释恐怕另有所在。据达氏自称，他于十一日奉贝当之命，为北非法国海陆空军总司令。这正是德国占领法国自由区的一天，很可能这是老将贝当最后的一道自发命令。贝当绝不可与赖伐尔之流同日而语，他是一心爱护法国的。他认为现在已经又到法兰西重新加入战团的时会，所以就用最后的一口自由之气命令达尔朗与英美合作。军人服从第一，达氏正好顺水推舟，在北非与英美联合，十一日北非法军全部停止抵抗的命令就是达尔朗发的。但他过去所种的恶根，现在已产生必然的恶果。据十四日北非盟国海军界透露出消息，北非法国一部舰只的投向盟军，"非对同盟国有所爱好，而系由于彼等对于轴心特别憎恶"。这种消息，话里有话，可见北非归向盟国的法国海军，其态度并不率直坦白，使盟国的海军人士感到非常不快。至于土伦的舰队，既然迄无动静，此后再想移动，恐怕已无机会了。德国虽声明不占土伦，但对法舰必由空中时刻监视，除非是投降轴心，法舰再要驰出港外已是不可能的了。

此次英美的进攻北非，布置非常周密，所以一切都能按照计划，顺利进行。在进攻之前，英美在事实上已经成立盟军总司令部，以欧洲战场美军总司令艾森豪尔为英美军总司令，美将克拉克为副总司令。此种指挥的统一，到战事开始后才正式公布，对轴心的精神是一种莫大的打击，因为轴心前此所专有的一种便利就有指挥统一，同时又认为盟军必不能统一。现在又与上次大战的末尾一样，盟军也已指挥统一，德国安能不感到惊慌？此次进兵的顺利，必与指挥统一是有重大关系的。

军国大计往往必须绝对保守秘密，但因现代国际间的钩心斗角，情报网有如天罗地网，任何秘密都不易保守。战前我们时常听到各国军舰或飞机的秘密图样被人盗去，也可见今日侦探术的发达了。一种保守秘密的方法，就是故意使假情报泄漏，引敌人走入错路，而于假情报所造成的局面的掩护下，去进行自己的真正工作。此次北非的进军，就是采用此种办法。据罗斯福事后的发言，计划的酝酿远在一年之前珍珠港事件发生的时候。最后选定北非登陆的地点，是本年五月间的事，七月，计划才有眉目。大概英美军官团潜入北非活动，就在此时或略后，八月底方才决定进攻的大概日期。这正是英国在利比亚战场失利，退入埃及之后的两个月。若无利比亚的挫折，很可能北非的进军要提早几个月。丘吉尔当时的发言中，曾经暗示原有反攻的计划。法属欧洲的登陆必须与埃及利比亚的战事相配合，所以在战略上须待埃及方面准备充分，开始进攻，并已得到相当可观的胜利之后，才能乘轴心惊慌失措之际开辟新战场，使轴心不暇迎接。必须如此，方有彻底肃清整个北非的把握。日期决定后，英美才开始泄漏虚伪情报，把轴心的注意力引到达喀尔。整个的酝酿期间，轴心必不免微有所闻，所不确知的就是目的地，为导轴心与轴心的附庸走入迷途，英美就利用两年来达喀尔的惹人注意，作出要攻达喀尔的姿态。达喀尔是法属西非的要港，是非洲极西的一个重要据点。新大陆东北部的大岛格林兰的最远的东岸，东达西经十一度(按哥林尼其子午线)，但非洲最远的西岸(包括达喀尔在内)，尚在此线以西，若以西经十一度为界，此界以西的非洲海岸约达一千英里之长。这也可见达喀尔与新大陆是如何的接近了。达喀尔距离新大陆最近的地点，就是巴西东岸的那塔尔，相隔只有一八六〇英里，较地中海的东西之线(由赛德港至直布罗陀)的二二二〇英里尚短三六〇英里。所以德国若能占有达喀尔，用为侵略新大陆的起点，是非常便利的。

但这一套话却不能反过来讲，新大陆方面的力量若要向旧大陆发展，达喀尔并不是理想的进攻对象。巴西若要占据法属西非，当然可以取此路线，但这不成为一个实际政治的问题。美国若要以法属非洲为垫脚石而进攻欧陆，却绝不可以达喀尔为起点。第一，达喀尔北距直布罗陀，海程有一九〇〇至二〇〇〇英里之遥，较距巴西东岸尤远。若经陆地，由达港至地中海南岸，交通更慢更难。第二，纽约至直布罗陀的海程也不过三五〇〇英里，与到达喀尔的航程约略相等。与其先攻达喀尔，再向北多走几近二千英里的冤枉路，何不直攻直布罗陀对面的摩洛哥？第三，英国南岸距直布罗陀，空中的直线只有一千五百英里，海程也远较达喀尔至直布罗陀为近，美国绝无舍近求远的道理。

然而美国确曾作出将攻达喀尔的姿态。这正是将计就计，利用二年以来美国报章杂志以及政府许多发言人几乎每日必谈的达喀尔问题，因为谈了既久且多，所以极易引导全世的注意力集中此点。又因为注意力太专，反倒容易忽略它在东对西与西对东的关系上的大不相同。轴心一向以骗人为事，此次居然也上了美国的圈套。十月五日，维琪政府大概最少一部在轴心的督促下，公开地承认已派潜艇多艘驶往达喀尔。英美为要坐实即将进攻达喀尔的印象，在十月中旬派有庞大的护航队在达喀尔的海出现，但在将近达港时又南航，在来比里亚的首都门罗维亚登陆。来比里亚是西非的独立小国，但实际上等于美国的保护国，首都门罗维亚北距达喀尔仅有七百英里的航程。当时巴黎及玛德里的报纸，受柏林及罗马的暗示，坚称盟军以来比里亚为根据地而进攻达喀尔，已迫在眉睫。维琪方面也认为这是对于法属西非的一种威胁，于是十月十九日达尔朗奉命往非洲巡视。同日，达喀尔方面，一因增防军队到达彼的人口激增，一因防备战事的即将发生，当局警告妇孺及早撤退。二十二日达尔朗抵达港，鼓励军民抵抗任何的侵略行动。事后维琪声称已在达喀尔建设巨大的新防御要塞，使成法属西非的第一要塞。二十四日达尔朗北上，抵摩洛哥视察，并与各将领会商防务。此后，一直进到十一月，达尔朗就在摩洛哥与阿尔及利亚一带布置，因为英美攻达喀尔之后，很自然地要北转进攻法属北非。

以上的一切，都是英美布置迷阵后所引起的维琪行动。一直到实际登陆的前一天，真的消息才略为泄漏，泄漏的人不是英美，而是轴心附庸的西班牙。十一月六日，玛德里传出西班牙通讯社的消息，谓英美军在直布罗陀举行登陆的演习，又谓英当局已下令直布罗陀港口所有小船搁置岸上，洗刷舰底。这显然是准备有所动作的征兆。次日美军在英军的协助下就大举在摩洛哥与阿尔及利亚登陆了。

第二战场的困难不在开辟，而在开辟之后的难以为继。纳粹的实力已经大减，但尚未减到不能集中一地猛攻的程度，苏德的前线的激战很足证实此点。年来盟国的人士都谈"欧洲第二战场"，好似认定第二战场的在欧陆开辟为当然的。关于开辟的地点，揣测不一，有人说法国西岸，有人说法国北岸，有人说挪威，此外尚有其他的推想。由罗斯福事后的谈话中，可知他与丘吉尔也确曾考虑过欧洲登陆计划，但在欧陆所有可能登陆的地点，都有一个共同的缺点，就是开辟容易，维持困难。纳粹在欧洲海港任何地点的实力虽都有限，但各地都在纳粹有效的控制之下，盟军登陆之后，德国就可从各方调集援军，短期间登陆成功的盟军就有被驱逐下海或被全部歼灭的危险。这种危险是盟军所不能冒的，兵员物质的损失事小，对世界人心的打击事大，盟军是不能登陆失败的。在此种情形下，唯一可以登陆，结果与欧洲登陆相等而又不致冒失败的危险的地带，就是非洲的西北角，此地仍属维琪政府，轴心的势力虽已渗入，但因维琪仍然保有可观的海军，纳粹不敢进逼太甚，所以法国非洲的属地大体尚在法人的治下。法人中诚然有一部的腐化分子和赖伐尔之流，诚心要与纳粹合作，但他们终究是少数，希望多数的法人真向英美作战，是不可能的。所以英美向非洲进兵，即或没有事先的了解，法人一定也只作一种象征的抵抗。同时，因有地中海的隔绝，海上势弱的轴心又不能很快地运输有效的援军，所以整个西北非洲的落入盟军之手，一定是非常顺利的事。最近埃及战事的大捷，是促成西北非洲军事发动的充足机缘，东西夹攻，整个的北非就可都落盟军之手。迨北非的准备充足之后，盟军再向法国南岸，或意大利，或巴尔干半岛进攻，即或临时受有小的挫折，因有非洲的大成功在先，心理上的影响也不致像直攻欧陆而失败的那样恶劣，所以从任何方面言，英美的择定非洲为第二战场的起点，是再合理不过的措置。

至此我们方可明白英美两年以来苦心羁縻维琪的道理。维琪本身不值一顾，是任何人都可见到的。但他虽不能成事，却大可坏事，英美都不敢过度地伤他。美国与他始终维持国交，英国与他的国交虽不能继续维持，但对他始终是藕断丝连。维琪的组成分子甚为复杂，英美若惹他太甚，反动与妥协的分子就要占上风，维琪就有完全投降德国的可能，舰队即或不肯交与纳粹，纳粹对法属非洲的控制力增强是很可能的。这将使英美由非洲开辟第二战场的计划无从实现，最少要增加实现的困难。我们并不是说在二年前法国屈服，英国朝不保夕，美国尚未参战的时候，英美两国就已存心将来在法属非洲登陆。我们只是说，英美从始就看到羁縻维琪是在法国已经服屈之后的劣势下防止纳粹在法国殖民地取得不劳而获的胜利的唯一可能的方策。北非登陆，是后来才由这个大前题中推演出来的作战方针。英美此种最高政略的秘密保持得很好，连要人如威尔基者也不知道，所以他最近聘问英苏与我国，返美之后的发言中仍然公开地批评美国继续承认"邪恶而不健全之维琪政府"的政策。

在非洲开辟第二战场，对于苏联所受压力的减轻，是否与在欧陆直接进攻相等，这在今日是许多人关心的问题，德国想短期间运大军往非洲去堵截，是不可能的事。海空的优势都在盟军手中，最近德意在埃及的大败，证明轴心对于北非的接济是毫无把握的。德国在欧陆的军队既然不能大批地运往非洲，那它是否仍照旧地留在东线去进攻苏联？却又不然。现在德国必须加紧地守护几乎整个的欧洲海岸，以防英美由非洲进攻，或由非洲与英国夹攻。东线的军队必须撤退一部，并且是相当大的一部。这就等于英美往苏联前线运送几十师的援军。日来德军在东线的继续猛攻，乃是以攻为守以进为退的策略，不会有大结果，不久的未来很可能要吃大亏。史达林于十三日答复美联社驻莫斯科的记者时，曾明白地承认北非之战对苏的有利，可见盟军战略的正当了。

北非的战事虽然尚未结束，但最近将来的结果，除苏联前线必渐松弛外，尚有几点可以看出。（一）盟军大概即将肃清整个北非的轴心势力，突尼西亚与利比亚的盟军可能会师。果然如此，整个的地中海即在盟军的控制之下，意大利的海军等于无形被困。突尼西亚距离西西里最近的地方只有七十五英里，而两年来屹立不动的马尔太岛距离意大利本部的南角只有六十英里，整个的意大利都在盟国空军的威胁之下，连南部的海岸，虽有防备，也将不免遭受空袭的打击。(二)盟国对于南斯拉夫与希腊的轴心势力可以时常由空中予以打击，而对两国的抗德势力则可予以秘密的甚至公开的援助。(三)大西洋岸摩洛哥的海岸可成为盟国反潜艇的根据地，减少大西洋中轴心潜艇对于运输的威胁。(四)地中海畅通之后，英美对于中东远东的接济就可不必再四个月一次的去绕好望角。这就等于转瞬之间增加了几倍的运输轮只，其影响之大，可使全世界的战局改观。(五)日本与德国会师中东的梦想从此根绝，日本对印度的进攻也不致再去尝试。(六)至今仍守中立的国家，如土耳其，或内心倾向轴心的国家，如西班牙，此后最少将放弃加入轴心集团的心思，甚至会联合盟国作战。(七)最后，还有一种心理的影响，深值注意。此次北非的进军是盟国在西方初次的陆上大捷，并且是由盟国主动的胜利，对于欧洲占领区的民心是一种莫大的鼓励，对于德意的军心民气则是一种莫大的打击。惯于接受败仗消息的意大利军民，必会因非洲帝国的即将全部丧失而更加消沉，德国民众对于一向夸口的纳粹领袖必将开始真正的丧失信心。用兵之道，攻心为上。法国的屈服，心被攻破是一个很重要的原因。现在恐怕是德国民心开始破裂的时候了。

虽然如此，我们却不可过度的乐观。今日乐观的心理是很自然的，因为这是盟国第一次在陆地上大规模地采取主动，并且是非常成功的。乐观的心理并不限于中国，英美的人士也同有此感。所以美国陆长史汀生于十三日接待记者时特别指明德意两国尚有军队五百师，日本有八十五师，而美国须至明年年底方能训练完成足量的军队，与轴心的庞大军队在同等的条件下正面对抗。南非总理史末资将军也预示战事须至一九四四年方能结束。盟国空中的优势日愈显著,当然可能提早胜利。但我们不可心存侥幸,须以呆板的事实为根据,认定前面仍有相当长期的恶战。只有如此的时刻警惕,胜利方有或早实现的可能。

（原载《当代评论》第三卷第二期,1942 年 11 月 22 日）

世界战局的总检讨

序　论

　　雷海宗：由整个战局言，而不偏重任何一个战场，战争的关键可说有两点：一是军需品生产的问题，一是海上交通线与运输线的维持与控制的问题。同盟国因分散全球各地，武力不能集中使用，所以所需的武力远要超过轴心与日本。武力如果只相等，同盟国绝不能制胜，盟国的军需工业必须发展到轴心的几倍，胜利方有把握。同时，又因盟国遍于全球六大洲，互相联系是一个切要的问题。唯一的联系就是海运。轴心与日本若能用潜水艇、袭击舰，与轰炸机，将盟国海上的交通线完全破坏，使盟国不能互相声援，美国就将等于退出战团，英国也不能再照顾非洲与中东，远东的战场陷于完全孤立。在此种情形下，战事就等于结束。苏联与英美失去联络，外援枯竭，就有被纳粹击败的危险，整个的欧洲大陆就成了希特勒的天下。同样的，远东与西太平洋就要成为日本的天下。英国就要朝不保夕，不战败也要饿死。美国就只有孤立西半球，等待轴心五年或十年后的大举进攻。我们想象这个噩梦，是使我们明了海上交通重要的最好方法。情形既然如此，我们对于军需生产与海上交通的两个问题可作一个概括的说明。

　　欧战初起时，德国的坦克飞机与大炮，超过英法两国总量之合，产量也远超英法。在一切其他的关系之上，这是法国屈服、英国几乎败亡的基本原因。一九四〇年夏秋之际的危机，今日大家多已忘记，真实的消息至今也尚未完全发表，但大概的情形现在已可加以说明。法国屈服，英国由敦克尔克撤退，全部的武器都丢在大陆。英国因武器太少，重武器当初几乎已全部运往法国。大陆撤守，英国本部就整个空虚，坦克车只余几十辆，德国若能冲过海峡，英国就将毫无自卫的力量可言。当时解救英国的，是量少而质精的空军，当年八九十三个月间，德国由空中大事闪击英国。英国空军极力拦击，一日打下几十架德机是常事，有时可打下一二百架。最后德国因损失太重，不愿再继续牺牲，忽然停止进袭，岂知这就救了英国？德国的损失诚然重大，但渺小的英国空军在比例上的损失较德尤为严重。在十月初德国停止进袭的时候，英国的好飞机与好飞行员已经消耗殆尽，德国如再继续一两星期的空中闪击，英国就将没有丝毫的招架之力。到那时德国就可冲过海峡，占领陆上毫无抵抗能力的英国本土。还记得丘吉尔在事后颂赞皇家空军人员的名句："自古至今，向来没有如许多的人，对于如许少的人，欠如许大的债。"我们当时听来，以为不过是巧言动人的泛泛称赞，现在我们才知道那是实有所指的由衷之言。若非几百个熟练的飞行员，驾驶着仅有的少数战斗机，勇敢牺牲，四千万的不列颠人民就都要成为纳粹的奴隶！这正如上次大战时一样，当时德国潜艇肆威，有一个时期英国只剩有两星期的食粮，也就在那个紧要关头德国的海底攻势和缓下去，不然英国因全国饥荒就非屈服不可。这是交通线的维持问题，但交通线的维持要靠船只，船只在战时也是主要武器的一种，所以也可说是一个武器的问题。

在太平洋战争爆发的时候，情形又与欧战初起时相仿佛。英美的海空实力虽大于日本，但能在远东使用的却远小于日本。当时英美若计划较为周密，虽或可延缓各根据地的丧失，但因实力太相悬殊，最后的结果恐怕是一样的。

关于军需生产的情形，今日已大有进步。盟国的生产，以英美为主，美国尤其重要，美国自称为"民主国的兵工厂"并非过言。参战一年以后的美国，所制造的坦克车三万二千辆，两倍于轴心，大炮亦为两倍，飞机的产量四万九千架，已达轴心的两倍半。若将轻重各种武器总合而言，今日美国的产量约与所有轴心国家的产量相等。若将英国与其他盟国也合计在内，盟国的产量与轴心的产量为二与一之比。所可注意的一点，就是轴心与日本的制造能力现在恐怕已达顶点，盟国因空军渐强，时常大规模地轰炸欧陆各地，轴心的产量将来很有降低的可能。但盟国，尤其美国的生产能力正在开始之中，今年的纪录已很可观，明年必有更惊人的表现。但至目前为止，盟国可用的全部机械，尚不足与轴心及日本正面决战。据美国国务卿赫尔最近的声言，德意两国尚有军队五百师，日本尚有八十五师，这将近六百师的军队，大部是配有新式装备的，总的人数在一千万以上，原来没有准备的盟国，想短期间能对付这个大军，诚非易事。最近美国的计划，要在明年一年之内将陆军增至七百五十万；全部都要配有新式的装备，当是不言而喻的。为要达此目的，生产当然仍须大量的增加。同时，这个大军留在新大陆无用，必须运到欧洲、非洲与远东各地，这就又是交通运输的问题了。即或没有敌人的阻挠，把这个庞大的军队，连同全副的装备，运到远近不同与方向不一的海外，也非小可之事。过去一年内，美国运往海外各战场作战的部队，人数达一百万，这个数目虽不算小，但距离足以取胜的目标尚远。所以赫尔最近明白地说，美国最早须至明年年底方有训练完成的足量军队，能与轴心的大军在同等的条件下正面对抗。同时南非总理史末资将军也预示战争非至一九四四年没有结束的希望。

关于海上交通的维持，困难亦甚重大，直到一年前太平洋大战爆发时，英美两国的造船效能，仍抵不过德国在大西洋的潜艇战破坏的程度。所以丘吉尔曾称"大西洋之战"为整个战争的总关键，意即在此。此种局势如不能改进，盟国就非败不可。幸而珍珠港事件曾经给予美国莫大的刺激，军事工业与造船工业突飞猛进，由去年十二月七日到今年十二月七日的一年间，美国造船的吨数为八百万，较被敌人在海上击沉的还多，这是交通线能继续维持的可靠保障。又如最近一年中，英美两国援助苏联的武器，有飞机三千架以上，坦克车四千辆，汽车三万辆，此外尚有货品八十万吨。这一切都须经过轴心海底海面与天空的阻击，始能运达东欧。在此种阻力下，运输量居然如此巨大，可见英美对于海上的控制已有相当的把握。

以上所举武器与运输的两个问题，与各战场都有关系，但对远东战场的印度与中国关系特别密切。中印两国所需的武器军火，很大一部要靠英美的接济，飞机与重武器全部来自英美，远东以及中东最自然的接济路线是由英国本部经地中海而达中东的第一要港赛德，距离只有三千七百英里。但自意大利参战，法国屈服后，地中海的交通线过度危险，等于切断，此后英国就只有航绕南非洲的好望角而达印度洋与红海。由此路而达赛德港，有一万三千英里，达地中海航线的三倍以上，一只船往返一次须要四个月的时间。中东战事二年来的根本困难就在此点。由英国经过地中海而达最近的印度港口孟买，只有六千五百英里，若经南非而达孟买，就有一万两千英里，约有两倍。突尼西亚与第黎波利坦尼亚的轴心势力如能肃清，地中海就可全部畅通，远东战场的局面就必大为改观。

　　以上所论，是与全球战局有关的两种事实。若个别探讨，可分为西太平洋及东亚大陆的远东战场，与西非北非及欧洲大陆的欧非战场。关于远东战场，近来世人所注意的问题有三：(一)日本有否再度进攻的计划？如有此种计划，其进攻的目标当为何处？(二)同盟国何时方能反攻？开始反攻的地点何在？(三)最后苏联是否将要加入远东战争？关于欧非战场，大家时常思索的问题有二：(一)北非的局面最近是否可以肃清？肃清后下一步的动作如何？(二)苏德前线之前瞻。最后关于整个战局，东西各盟国人士无不特别关心的，尚有一个问题，就是东西两大战场，何者可以先见和平？或东西战事可以同时结束？孰先孰后，其最后影响有何不同？

　　对以上各问题，或其他与战局有关的任何问题，现在请各位专家发表宏论。

总　结

　　雷海宗：各位专家的意见，可以归结如下。关于远东战场的第一个问题，即日本有否再度进攻的计划，有两种看法：(一)最近日本在西南太平洋直奔新赫布里底斯群岛，群岛的位置在新基内亚的东南，较新基内亚或所罗门群岛尤便于切断美澳间的联系线。这可能是日本新动作的方向。(二)日本今日在远东的局势利于防守，而短期间无需再去进攻。美国若想攻击日本，无论北由阿留申群岛，或中间由中太平洋，都甚困难。若由西南太平洋进攻，也有接济艰难与根据地缺乏的严重问题。反之，日本的地位，暂时可说是牢不可破，大可不必再冒重大的损失去发动新的攻势。近日滇缅边界的波动，大概也是属于防御性的。至于许多人常常谈到的打通粤汉线以防海上运输被盟国切断的一点，恐怕也不致实现。打通东亚大陆运输线，需要极大的实力，日本暂时是不愿如此冒险的。况且海上的运输线，目前尚可维持，大陆上的孔道并非绝对的必需。

对于远东战场的第二个问题，就是盟国反攻的问题，有下列的六种意见：（一）所罗门群岛与新基内亚方面的战事甚为重要。日本无论是要维持西南太平洋的既得权益，或继续发展，都必须守此两地。同时，盟国若要在太平洋反攻，两地也是非常重要的立足点。最近两地的战事，可说是盟国反攻的发端。（二）盟国在远东反攻，必由海上开始，因为苏联短期间尚无加入远东战团的可能，中国则因武器缺乏，暂难大规模的进攻。所以唯一的可能，就是英美来自海上的反攻。同时，南洋一带也是日本占领区较弱的一环，因为该地一向为殖民地，并无军需工业，天然资源虽甚丰富，日本却不能如意的利用，军需工业不是一蹴可就的。它在南洋所需的武器与军火，仍须由日本本部运来，交通线颇长，危险亦相当的大。日本极想占领澳洲，这是一个重要的原因。澳洲的工业已有相当的基础，日本若能占领，立可加以利用。反之，英美若要反攻，澳洲也是必不可少的起点。可惜珍珠港事件给予美国的损失太大，土伦港的法国海军又一部沦入敌手，加重了英美海军在地中海与大西洋所负的任务，所以南太平洋方面的反攻，一时尚难谈起。（三）与上面的意见性质相近的一种看法，认为英美暂时在海上不易反攻，因而两国所能用于太平洋的海军力量大部须要用于太平洋既广又长的航线的维持，难以再作进一步的打算。据报载，美国最近方才补足珍珠港所受的损失，而日本的海军则始终并未遭受同等严重的打击，主力尤其并未受损，美国所能用于太平洋的舰队，一时尚难与日本的主力舰队一较雌雄。况且美国若要进攻，日本就处在以逸待劳的优越地位，美国是不能贸然从事的。再者，普通认为可以进攻日本的主要根据地夏威夷群岛，实际距离日本甚远，中间的岛屿又大部已陷敌手，进攻殊非易事。美国若要反攻，以距离言，阿拉斯加的阿留申群岛比较便利。但阿拉斯加人口稀少，原来也无准备，由美国经由加拿大而达阿境的公路，最近方才筑成。短期间美国在此地也只能防守，进攻还是未来的事。由阿境反攻，尚有天时的困难，冬季的气候过于不利，根本不能有所举动。况且阿留申群岛的一部已被日本占领，这也是将来反攻时的一种阻碍。最后关于美国在海上进攻，还有一个大的危险，将来虽未必实现，但我们却不能闭目不视。美国的主要舰队在大西洋，主要的军事工业也在大西洋岸，若攻日本，舰队与大部的军需品皆须经过巴拿马运河而运往太平洋。巴拿马运河本身就是一个大的弱点，大的船舰通过时须开水闸；虽然如此，今日三万五千吨的主力舰若要通过，已经不易，美国最新式的战斗舰吨位四万五千，通过将更感困难。水闸本甚脆弱，易被敌人袭击破坏，一经破坏，在相当长的时期内整个运河就等于堵塞。况运河的西面，太平洋方面，并无罗列的岛屿，可作前哨，更增加敌人偷袭的机会。这一切都是我们谈到美国由海上反攻日本的问题时，所不能不深切注意的。（四）论到大陆上的反攻，将来当然会实现，实现时当然必由中国。一位专家认为中国沦陷区的日本守军，大部为伪军，将来我们反攻时不会真正的抵抗，在我们的准备成熟时，胜利的反攻是有绝对把握的。（五）但另一种意见认为在我们反攻之前，军事与政治仍需要重大的改进，反攻方有把握。政治的改进尤其重要，因为只有政治改进才能增加中国在和会中的发言地位。（六）最后一种看法，认为无论为反攻，或为和会时的地位，经济的改进与各种的经济条件也是非常重要的。关于远东战场的第三个问题，就是苏联是否加入战团，有三种看法：（一）目前无此可能。在纳粹进攻苏联后，日本不由西伯利亚加攻，就是因为它不愿德国在欧洲过度的成功。在去年冬季苏联危急时，日本不北进而南进，这是它第二次放弃攻苏的良机，将来能否再有新的机会，殊难断言。德国攻苏，去年与今年已两次失败，胜利的希望已经消灭，日本再想攻苏恐怕已不可能。（二）与以上略为不同的意见，认为欧洲战事如先结束，苏联为防后患起见，可能不待对方动手，而先自行进攻日本。（三）苏联或想收复南库页岛，如此则非参加远东战事不可。

对于欧非战场的第一个问题，北非战局的问题，有三种意见：（一）目前轴心所守的三大据点的突尼斯，比塞大，第黎波利，都距离西伯利岛甚近，易于接济，英美虽已占有北非的大部，但接济上颇感困难，所以北非的全部肃清仍须相当的时日。十一月间盟国在北非由闪击而得的非常胜利，不能再出现于突尼西亚第黎波利坦尼亚。（二）北非的战事诚然关系重大。轴心与日本的战略本有两点：一是各个击破，一是会师印度。所谓各个击破，是指英、美、中、苏四大盟国而言，尤其着重中苏两国。纳粹如能击败苏联，日本如能击败中国，英美就根本不能再谈反攻，侵略集团的计划就等于成功。所谓会师印度，是将中苏与英美完全隔开，以便于各个击破策略的实现。但侵略集团的两个战略都已失败，同盟国现在已据有由北非至中东而达印度的一块大地，这可说是同盟国的战略区，只要能把稳守住，将来总有办法。同盟国占领北非，对欧洲言，能控制整个地中海，南欧的全部海岸线皆成为可以反攻的目标。纳粹占领法国自由区，就是为要充实南欧的防御；同样的，突尼西亚之战，在轴心也是属于防御性的。再进一步而言，北非的胜利对于全球的战局也有重大的影响。因为北非至印度间的一线是中苏与英美之间的一个大战略区，将来大规模的反攻都要以此区为枢纽。(三)最后一种意见，叫大家再回想到德苏协定的重要性。德国因顾到苏联的关系，才迟迟地占领巴尔干，始终未强经土耳其而占中东与北非。这是此次大战的大关键。若于战事的初期非洲就被轴心攻取，盟国即将完全丧反攻的机会。

关于西方战场的第二个问题，就是苏联前线的问题，一位专家特别提出讨论（注：指出苏军处境的困难）。对于所谓德国大军被围的一种说法，我们不能过度的乐观。史达林哥勒与窝瓦河与顿河之间的湾曲地，东面为苏军的势力，当无问题。但西北方面，仍在史城的近郊作战。史城的中线，所谓正面，距离河岸五十英里，目前作战的地带尚未达河岸，大概距城不过二三十英里。史城西南面的局势较好，战场约在距城七十至九十英里的地带。总观全局，我们不能说史城之围已经全部解除，更不能说纳粹大军已在苏军的包围中。今后的发展仍然深值得注意。最后的一个问题就是东西两大战场何者先结束的问题，有四种意见提出：（一）战争是整个的，将来要同时结束。（二）英美因处势不利，由运用方面言，海上的实力较差，所以欧战先结束的可能性较大。届时日本在占领区必定已作相当的开发，准备更加充足，英美进攻，损失必大，但还是无可奈何的事。(三)先纳粹，后日本，已是英美既定的策略，不会变更的。但英国绝不放弃印度与远东的权益，美国对远东历来也富于感情与理想，欧战结束后，两国必全力解决日本。（四）东西战事的结束，孰先孰后，乃是太平洋战事未起时的问题，此后这个问题已是双方的，不是盟国一方所能完全决定。大战的如何结束，要看今后全部战局的如何发展。

*　　　*　　　*　　　*

以上各位专家的意见，都特别指出盟国的困难情形与目前仍有的缺点，可以纠正许多错觉的看法与盲目的乐观，但这绝非对于战事没有把握的意思。轴心与日本的情形，我们虽非完全隔膜，但所知到底不清，实际上它们的困难恐怕比盟国还要加重不知若干倍。盟国今日最少在一方面已处于明显的优势，即是空军。只有空军，虽不能决定一切，但若在双方海陆的力量约略相等的局面下，占有空中绝对优势的一方，就很有取得早期胜利的可能。我们只是不愿心存侥幸，以免懈怠，所以对于空军的情势并未特别提出，一切的推断都根据比较呆板的海军陆军与地势的情形。第一次大战时，同盟国并未想到一九一八年十一月可以获胜，当初已经建有庞大的空军，准备在一九一九年大举轰炸德国。但在这批武器未得使用时，德国即已投降，盟国现在准备之中的大军，一旦完成，定可取胜，但也未尝没有未及使用时而最后的胜利即已来临的可能。此种可以幸得而不可强求的结局若果实现，当然再好不过，但我们一切的打算与计划却必须建在它不能实现的基础之上！

（原载《当代评论》第三卷第七期，1942 年 12 月 27 日）

平等的治外法权与不平等的治外法权

我们近来谈到治外法权的废除，无意中容易忽略一点，就是治外法权本有两类。一是正常的，国际互惠的治外法权，这种治外法权并未为新约所废，并且根本也不能废。一是反常的，单方受签的治外法权，这才是我们最近与英美签订新约时所废的外侨特权。

不平等的治外法权，是过去百年外交史上所积成的反常制度，又称领事裁判权。与此有连带关系而性质并不完全相同的，尚有：（一）关税协定，已于民国十八年废除。此次新约中只特别明订中国无再继续任用英人为海关总税务司的责任。（二）内河航行权。（三）内地驻兵权。（四）租界权。以上三种特权，一概取消，只有九龙新界租借地的问题，尚留待将来谈判。新约既已成立，此后外人通商居住就不再限于几个固定的通商口岸，全国各地在理论上都可华洋杂处，这是我们取得国际平等地位后所要负的一种新的责任。

不平等条约既已废除，就成了历史上的陈迹，脱离了眼前政治的范围，我们似乎当对他作一番比较深入的探讨与认识。过去我们认定不平等条约是欧美各国侵略中国的象征。这个看法是十分正确的，但并不是全部的真理。除了十九世纪西方的帝国主义精神外，不平等条约还有两个其他的来源：一是我们自己的愚昧无知，一是历史的自然发展。在鸦片战争之前，中国的官庭就已一向不肯受理外侨的民刑案件，不只容许，并且要求外人自理自解。这是因为当时的人不明国际的情势，不知这是自动放弃主权的行动。《江宁条约》以及此后各条约中的规定，不过是把此种传统的办法正式化而已。我们今日的外交当然已远较百年前为高明，但回想从前因糊涂而误大事的情形，可使我们今日的国人在庆祝之余多加警惕，内政糊涂，已很危险；外交糊涂，危险更不堪言。将来中国既然在国际上自由平等，就尤其不能糊涂。以前欧美各国拿中国当殖民地看待，中国在外交上闹出许多笑话，还不碍事。今后若再如此，就是自甘暴弃，已取得的平等地位就有在事实上再度丧失的危险。

糊涂并不是清廷丧权的唯一原因。在人类过去的历史上，外侨自理民刑案件可说是常例，近世欧美各国严格清楚的法权观念是古来多数民族所没有的。各民族法律不同，习惯不同，所以各国多任外侨仍自奉行自己的法律习惯。并且权利与义务是相关联的。各国如要外侨奉行居留国的法律，就也应当容许他们享受居留国的公民权利，这在过去是多数民族所不乐为的。例如九世纪时的回教大食帝国就已给予欧西的侨商许多的自治权利。当时欧西各国在文化上与实力上都远逊于大食，这绝非欧西侵略主义的表现，而是大食帝国的自动政策。此后欧西人到回教的世界经商居留，都以此为例。土耳其帝国承袭了此种传统，于十六世纪以下在他的大帝国境内，也给予欧西侨商以同样的权利。十九世纪时美国也援例在土耳其帝国取得特权。第一次大战后，新土耳其兴起，在一九二三年的《洛桑条约》中才勉强列强放弃这种不合今日国际政情的制度。

中国历来与外族交通，也采取同样的政策。唐代中国南方沿海的各口岸都有阿拉伯、波斯、印度、南洋各国的外商杂居，到宋代中外关系更密，商埠中多划番坊，由外商居住，有如十九世纪的租界。每坊设一番长，由侨商中负有资望者充任，负责管理番坊内一切事务，非有特殊问题发生，中国官庭概不过问。这种态度与政策一直传到满清时代，很自然的就产生了不平等条约中治外法权的条款。

以上所讲的是单方面的治外法权，已为此次新约所废。此外还有一种双方互惠的治外法权，是国际法与国际惯例一向所承认，也是今日世界各国仍然遵行的办法。这是国人今后所当留意的一点，不要误认在中国境内治外法权已经完成绝迹，有的治外法权是列国并立局面下所永远不能取消的。一、友邦的政治元首（帝王、总统，或政府主席）若来中国游历或访问，他与他的眷属随员就都享有治外法权。他即或匿名来访，也同样的不受中国法律的约束。这里所谓"匿名"，当然并非绝对的，若真是无人知道他为友邦的元首，这事实上当然无从享受特权。但如果一位帝王到友邦游历时，为方便起见，自称为"某某亲王"或"某某公爵"，他仍照样的不必奉行所在国的法律。除他个人与随从人员的特权地位外，他们所携带的行李财产也不能由所在国检查或征税。但此种特权也有例外。友邦的元首若到所在国的法庭中告诉，甘愿自称原告，法庭就按法受理。二、在任何情形下，友邦元首都可自动的放弃治外法权的权利，特别声明服从所在国法庭的处理。三、如果他的财产在旁人手中时发生法律的纠纷，而此旁人又为法庭所可处理的人，法庭可依法受理。四，如果他在居留国中保有不动产，此项不动产不能享受治外法权。

代表友邦元首或政府的大使公使，以及使臣的眷属与馆员，也享有治外法权。他们携入居留国境内的货物，如完全为自己消费，可免纳关税与其他一切的税赋。他们仍算居留本国，若生子女，子女仍保有祖国的国籍。大使馆或公使馆的区域，也享有治外法权，居留国的警察或任何官吏人民不能随意入内。使臣与馆员免纳居留国一切法定的国家税赋，但除非双方先有谅解，地方税仍须缴纳。例如英美大使无需向国民政府纳所得税，但假定每个重庆市民对于重庆市府都有缴纳一种或几种税的责任，在法理上英美大使与馆员也当明缴。如重庆市规定每户纳税时，使馆就也当算为一户而纳税。地方税完全以居留为准，不问国籍与特权。但此种地方税普通也都由双方互惠免纳。此外使臣或使馆若在居留国保有与使命或个人消费无关的财产，无论为动产或不动产，此项产业仍受所在国的法律处理。

第三种享有治外法权的人就是友邦的军队。军队为国家主权的维护者，在任何情形下不能受外人的裁判。所以军队开进友邦的境内后，立即享受治外法权的保护。例如现在中国的美国陆空军，有美国的宪兵管束。同样的，中国现留印度的军队，也不受印度政府的管理。

一国的海军，得友邦同意而开入它的领海或港口时，也享有特权，理由与陆军相同。船上的人员与财产，一概不受所在国的处理。但海军事实上不会带宪兵到友邦，所以海员如在友邦登陆，在陆上时仍受友邦的约束。海员的治外法权只有他本人身在船上时方才有效。这种原来限于海军的特权，今日的国际习惯已推及于一切国有的船只，包括货轮与载客轮在内。官船好似国家的一块流动领土，生在船上的儿童就当然取得船只所有国的国籍。最近流亡英国的波兰政府，引用海军享有治外法权的国际惯例，在留英的波兰船舰上设有邮局，并且印发波兰邮票，专备船上使用。这也是别开生面的治外法权的特例。

以上所谓治外法权，除军队不分民刑事件外，普通是指民事问题而言。民事问题在事实上是随时可以发生的。刑事问题，比较复杂。在事实上一国的元首或使臣在友邦触犯刑法，几乎是不可想象的事。当然他们的汽车可能不按警章开驰，这种细小的事件普通只有置而不问。因为真正刑事的实例太多，所以固定的办法尚付阙如。一般的法理意见，认为友邦的元首或使臣对于刑事是要负责的。居留国若认使臣或馆员有阴谋不轨或破坏治安的嫌疑时，可以派警入馆搜查与拘捕，事实上，此种事件发生后，当然立刻就变成两国间的外交案件，最后交涉解决，并不经过普通的法庭，但连这种情形的可能性也不太大，普通各国对于友邦的使臣因为刑事或任何其他的关系不满意时，都是要求派遣国的政府把他召回而已，在理论上，元首触犯刑法，居留国也可拘捕，但事实上这可说是不会发生的事。

使馆界因享有治外法权，所以在国际习惯上，内乱时或其他情形下的政治犯可以逃到使馆避难，居留国的官庭不能勉强使馆交出，也不当入内捉捕，但在任何情形下，使节也不能收容普通的刑事犯，由此点言，使馆的地位与邻国相同，邻国可以收容政治犯，但对潜入的刑事犯有协助捉捕的责任。

最后有一点可以提出的，就是领事的地位，最近新约所废的治外法权，实是领事裁判权，所以此点更值得我们特别注意，按国际习惯，领事只是商务官，并非外交人员，所以领事，领馆，以及所有的馆员都要受居留国的约束。过去欧美的侨民遇事要受他们本国领事的裁判，领事于是取得政治上的地位，无形中也成为外交人员。这是过去的反常现象。今后各国在中国的领事，也与中国派往欧美的领事一样，只是纯粹的商务官。但在事实上各国对于友邦的领事也非正式的予以特殊的待遇。前些年有几个未上轨道的小国派往美国各地的领事，时常做出不甚光明的事，当场被美国的警察拘捕。但在证明为某某国领事后，警察总是立即开释。在习惯上各国对于友邦的领事，都取此种态度。但这只是国际关系上的客气优礼，并非国际法上的正式规定。在民事问题上，领事要完全服从居留国的法律。遇到刑事问题，若微不足道，友邦普通都是置而不问，若较严重，就要求派遣国调回。

日前新约所废的领事裁判权，是所有外国侨民所享受的一种不正常的治外法权。此后各国的侨民，包括领事本人在内，都要受我国官庭的管理。但平时的友邦使臣，间或来访的友邦元首，特别情形下来游的友邦军队或海军，在中国仍享有正常的治外法权。这种特权是互惠的，我们的使臣、元首，或陆海军在外国也同样的享受国际法上治外法权的待遇。

（原载《当代评论》第三卷第九期，1943 年 1 月 31 日）

罗丘会议

  罗斯福总统与丘吉尔首相由一月十四日起，在法属西非的卡萨布兰卡港会议十日，与会的尚有英美两国的军事首脑，所商讨的必是盟国的军略大计。会后罗氏于回美的途中拜访巴西总统伐尔加斯氏，并发表联合声明，保护大西洋的安全。同时丘氏往访土耳其总统伊诺努氏，商订英美协助土国充实国防的办法，此外有否其他的谅解，由未来战局的发展必可看出。

  罗丘会议中所讨论的，据各方的推测，不出三大问题：(一)设立盟国最高军事会议，以英美中苏为主，主持盟国最高的战略与政略。(二)解决北非的政治纠纷，使法兰西民族能一致对付轴心，不再耗力于无谓的内争。(三)轴心潜艇对于盟国航运威胁的问题。潜艇威胁的解除，是技术的问题，无可多论。轴心的海底攻势近又加强，据美国专家的估计，盟国目前每月船只的损失约达一百万吨，问题相当的严重。损失必须设法减少，各战场的供应方可继续维持。至于法国的问题，似乎并未得到十分满意的解决。吉罗德与戴高乐两氏在英美领袖的拉拢下居然会晤，已很难得，但两人所代表的既成势力并未能合流，将来是否能合作无间，仍是盟国人士所关心的事。

  关于军略问题，以统一指挥为主。北非方面，艾森豪尔统率下由西而东的盟军，与亚历山大统率下由东而西的盟军，眼看会师，两军能否统一指挥，是目前的迫切问题。罗丘二人之间，对此问题，恐怕还好商量。但英美两国的军人之间，或者不免略有非恶意的竞争。这个问题甚为微妙，深需罗丘二人运用超绝的政治手腕。相信他们必已商得各方满意的办法。罗丘会议结束后，英美的高级将领又在北非举行补充会议，所讨论的必是如何实施罗丘会议中的决议。至于较大的具体战略问题，如进攻欧陆，大概也会谈到。决议如何，目前无需多加揣测。再进一步，如太平洋战场的问题，看来并未积极的商讨。至于盟国最高军事会议问题，即或曾经谈到，大概也尚未达成熟的阶段。

英美目前好似仍然认为无力东西兼顾，但专就西方的战场而论，英美已有很大的把握。欧洲仅余的两个重要中立国，土耳其与西班牙，一个已经实际投入盟方，西班牙也绝不致再倒向轴心。假定土耳其再肯积极地协助盟国，更可大量的增加英美在欧洲登陆的便利。

最后还有一点值得注意，就是心理上的影响。欧战的前期，希特勒与墨索里尼是天下人士所提心吊胆的注视的，他们两人的一举一动都使各国的神经立刻紧张，他们每一会晤，就使所有盟国的忧国之士寝食不安，一如大祸将临的模样。但时至今日，他们已久无声息，现在是罗丘二人的会晤能使全世盟国无不兴奋，相反的，轴心各国的心情必与两年前盟国人士对于希墨会晤的反应相同。由此点言，罗丘会议有对轴心发动神经战的作用。事后相传，会议中有意大利、西班牙、芬兰、土耳其的代表参加。这种莫须有的传言，最少对于轴心民众的神经是一种打击。会后罗总统并提出德意日必须"无条件投降"的口号，这不只是打击侵略国的民众，对于一批独裁者本人的心理也必发生莫大的影响。近来有人相信希特勒因东欧北非一并挫败，走投无路，或将发动新的和平攻势。这未免过虑。现在只有盟国方面有发动和平攻势与神经战的资格，轴心已经丧失此种地位。本年一月三十日，是纳粹夺得政权的十周年纪念日，理当大吹大擂的庆祝一番，事实上竟无声无息的过去，希特勒懊丧万分，可以想见了。

（原载《当代评论》第三卷第十期，1943 年 2 月 7 日）

欧洲战后人的问题

　　欧洲的黄金时代已经过去，经过此次大战的摧残，物质破坏的可怕撇开不讲，人的残害是欧洲文明无可补救的致命伤。正如俗语所谓："留得青山在，何愁无柴烧？"现在欧洲的青山都已渐成穷山，将来必定无柴可烧。历史文化，一切以人为本，而此次欧战是亘古未有的大规模的与有系统的毁灭才能之士与有志之士的战争。此次战俘的数目的庞大，是从前所不能想象的，法国屈服之后，被德国俘虏的军队有二百万人之多。法国不过是四千万人口的一个国家，每二十人中就有一人作俘虏。若只计男子，每十人中就有一个俘虏。若再只计壮丁，大概每三四个人中就有一个丧失自由。平均大概每两家就有一人在纳粹的集中营中苦挨岁月。这些俘虏始终未释。三年来纳粹又时常在法国自由募工或强迫征工。但无论为募为征，一到德国之后就与俘虏无大差异，回国的可能甚为有限。此种人的数目无从估计，但也不会太小。在所有的占领国中，纳粹对于法国还算比较客气，在其他各国几乎都是毫无忌惮地强迫征工。无论是俘虏或是征工，所过的都是一种奴隶的生活，饮食又少又坏，只足勉强维持生命，十九世纪欧洲人所自豪的自由气息对这些人已经成了不可想象的幻梦。一个人的身体与精神，所能忍受的摧残是有限的。这些战俘与征工，不只身体的健康难以再恢复，精神的变态恐怕也是终身的重担。战后的欧洲，由人方面言，到底要呈显一种怎样的情景，是今日所难预测的。

　　以上的情形若只限于战俘与征工，欧洲的前途仍可不致是完全黑暗的。但一般未被俘或被征的人民，所度的也是极不正常的生活。最普通的现象就是饥饿，除德国的多数人民与各国内极少数的高级国贼外，整个的欧洲几乎可说没有一人能够吃饱，即或勉强吃饱，营养资料也非常缺乏。据最近比较可靠的消息，法国今日施行食粮分配制，每人各有一张食粮分配证。但因无人能饱，家人父子间的天然情绪都已消灭，各人都把分配证时时刻刻随身携带，不敢放在家中，唯恐家人盗用。法国如此，别国也必同然。有的地方情形，比法国还要恶劣，希腊的人民大批饿死，雅典城内连老鼠都已吃尽。欧洲的儿童，由挪威到希腊，大多都已不会玩耍，营养不足，环境反常，普通只是在家中发呆或在街上晒太阳，儿童的天真活泼只在世外桃源的瑞士与瑞典还可见到。如此彻底的戕贼，即或战争能短期内结束，即或战事结束后一般状态能很快地恢复正常，恐怕也是永远不能完全补偿的。

我们以上所讲的——大半限于身体的条件与物质的关系。较此尤为严重的，是心理的变态发展。外国秘密警察的时刻压迫，并且往往是不可闻见而永远围绕左右的惨酷压迫，使每一个人，无论男女老幼，都有神经失常的征象。野蛮的人质制度与无辜者的时遭杀戮，一方面使一般人终日提心吊胆，一方面又使每人的心中愤怒仇恨。"恨"是戕人性毁人格的最大强力，全体人民度过多年的恨的生活，他们的性格恐怕永远不能再返回本来面目，并且此种恨的心理并不限于被占领国的人民，德国人民最少也同样的忌恨邻国的人。我们都知道被害的人恨恶害人的人。但害人的人同时也更深地恨恶被害的人。因为害人的人自知理屈，但又不能承认，唯一精神自卫的方法就是制造种种的理由证明被害的人的低劣、可恶与可恨。被害的人有时可以宽恕害人的人，害人的人很少能够宽恕被害的人的，这理就在此点，所以人格堕落的并不限于被占领国，德国人退步的程度只有更深。如此充满怨恨之气的欧洲大陆，安能希望它再恢复十九世纪与二十世纪初期的高度雍容？

身心的退步还不是欧洲堕落的唯一方面。欧洲的人口也要大为减少。法国的人口多年来就在逐渐减少，二百万壮丁的长期为虏，当然更使人口的生殖率显著的降低。别国的人口近年来或不增加，或只小有增加。但连小有增加的现象也是假的，并不是人口生殖率的增加，乃是科学卫生所产生的死亡率的降低与老年人的特别加多。实际上除苏联与东欧少数的地方外，欧洲各国的人口都早已趋于减少。经过此次的大流血之后，减少的征象当然只有更加明显。

人口若只有量的减少，问题还不大严重。但此次大战是人类有史以来规模最大一次的反淘汰作用。在高度机械化的战争之下，无论陆上，空中，或海里，都必须中上等与上等资质的人去作战与牺牲，平庸的人根本没有参加近代战争的资格。在杀人的武器日新月异的今日，各国人民的精华都迅速地被剔除淘汰。同时，纳粹在所征服的各国也专门戕杀才人志士，只留庸人去作奴隶。战后的欧洲人虽不能说都是庸人，但整个人口的品质水准要较战前降低，恐怕是无可置疑的。

人口问题的另一方面，就是男女两性的比例问题，战时大批牺牲的当然是男子，女子因战而死的是极少的例外。所以战后男女的比例必定失去平衡。假定到战事结束时，男子有一千万人牺牲，那就等于说，此后二三十年间，要有一千万个女子没有作母亲的机会。由人口增加的立场讲，这一千万个女子也等于死去。并且一般看来，男子不娶才智高于自己的女子，所以在婚姻自由而女子特别过剩的社会中，被男子所遗弃的女子大概是才力较高的要占多数。这也与战时男子的牺牲一样，是一种反淘汰的作用，是使整个人口品质退步的一种作用。并且这是明知其如此而莫可奈何的一种悲剧。一夫一妻制在欧洲根深蒂固，绝无打破的可能。女子无论如何的过剩，也只有听它去过剩。这是最惨的一种爱莫能助。并且节制生育的风气已经积重难返，才智愈高的人，无论男女，愈不肯生养儿女。此种趋势，战后也看不出会有改变的可能，整个的人口只有任它去量上减少与质上退步。今日文化的各种机构与技术，复杂万分，需要许多的高等人才来运用。战后的欧洲，此种人才必感缺乏，以后也难希望完全补充，机构必渐脱节，技术必渐后退，整个的西欧与中欧各国，在不太远的将来恐怕都要成为西班牙一类的破落国家。

在西方的各国中，英美苏三国可以部分的免脱上面所讲的厄运。美国始终不是战场，连轰炸的威胁都不感受，地大人多，最后人口因战事而消耗的也不会比例太大。英国的处境不似美国的优越，但除空袭外也始终未成战场，死伤的人数虽然可观，但不致像欧陆各国的严重。然而英美两国近年来都有人口减少的趋势，战后也无改变潮流的希望。至于苏联，人口最密工厂最多的部分沦为战区，前方士兵的死伤与后方人民的被敌戕害都非常严重，这是它处境不及英美的地方。但反之，苏联的人口是一向趋于积极的增加的，无论战时的损失如何重大，苏联的人口必定很快的补充满足，这是它胜过英美的地方。西方的世界，将来是英美苏的世界。目前北美合众国与不列颠联合王国两国的人口之和，约略与苏联的人口相等。但英美的人口似乎已达不再增加的阶段。苏联的人口仍呈有加无已的趋势。反之，英美的财力、物力与技术的能力，又远超过苏联。这种相对相反的情形，是我们将来观察世局时所须时刻牢记的基本事实。

（原载《当代评论》第三卷第二十四期，1943 年 10 月 16 日）

法国解放委员会与法兰西前途

　　经过半年的来往折冲，法兰西民族解放委员会方于今夏在北非成立，由吉罗德与戴高乐二氏同为主席。但至十一月十日阿尔及尔的消息，忽谓吉罗德已辞去主席职务，此后由戴高乐独任主席，吉氏将专任法军总司令。当日晚间，戴高乐招待记者，显然的事前授意记者询问："如吉罗德不誓绝维琪，是否能继续担任法军总司令之职？"戴高乐答称："法国之伟大领袖，均不应与维琪有任何联系……全体法人，尤其是法国军队及其领袖，均受制于委会……委会而外，任何方面之命令均为无效。"又有人询戴氏战后是否接受总统之职，戴氏只作模棱两可的答复。并由上列一段消息，可见吉罗德已被排挤，戴高乐有唯我独尊之概，并且颇有战后求取法国最高政治地位的野心。

　　但吉罗德并不是一个可以随意摈弃的人。吉氏以辞去总司令职务相要挟，勉强解委会对于肃军问题让步，不能以倾向法西斯或维琪政府为名而强迫大批将领去职。吉罗德在法军中颇孚众望，除吉氏外恐无第二人能调动法国的多数军人，解委会只得让步，至十五日吉氏方才打消辞意。据谓吉氏被解除主席之议，吉氏个人事前全无所悉，乃临时被迫承认。戴高乐似乎所为太过，结果只得又后退一大步。但至十八日解委会又决议扩大"肃清委员会"的权限，似此戴吉之争尚未解决，未来的发展深值关心法国前途的人的注意。

　　吉戴两人间的问题，可分立场的与个人的两方面。由立场言，戴高乐比较急进，吉罗德比较保守。法国的军人倾向于保守，一部分并且属于保王党，根本反对第三共和国。在一九四〇年法国屈服的许多原因中，军人的反对民主共和国倾向纳粹主义，也是一个很重要的原因。吉罗德、贝当、魏刚一群军队首要大体都采此种态度。吉罗德唯一超群的特点，是他极力主张反德，始终认德意志为法兰西的世仇，法国绝不能由亲德政策中求出路。所以他虽在法国屈服前被俘，后来居然设法逃脱，待英美在北非登陆时他又到北非加入同盟军向纳粹军作战。他在法军中声望甚高，在达尔朗被刺之后，他是唯一能够号召法国多数高级将领与中级军人的首领。他与这些人政见本来一致，这些人经过两年半的惨痛教训后，也知道与纳粹妥协而求出路为幻想，所以他们在抗德一点上也与吉罗德意见相同，达氏死后吉氏继为北非的军政首领是很自然的。假定战后的法国能听这一批军人自由安排，第三共和国绝不能恢复，即或旧王朝不立刻复辟，一种修改的法西斯主义也会成为法国的政治经济纲领。

但这并不是说戴高乐代表不折不扣的民主主义。他虽不属于正统的保王党，但他也是军人出身，左右的要人也多为军人，在法国军人中找一个死心踏地的民主主义者，几乎是不可想象的事。他年事较轻，资格较浅，在法国屈服前不久仍是上校，属于中级军人，保守主义的色彩不似老军人的浓厚，在口头上服膺民主主义还不致如鲠在喉的不能说出。战后的法国如让戴氏的一党自由摆布，最少暂时是要恢复第三共和国的，但最后的结局如何仍在未定之天，能否与吉氏一党的作风有多大的分别，恐怕不是任何人所敢肯定答复的。

吉戴两人之间如果只有立场的不同，问题就将简单许多，主义崇拜者也就可以各随所好而放心大胆地扬此抑彼，但个人的成分又非常复杂，使任何客观考量的人都有无所适从之感。一九三九年欧战爆发时，吉罗德已是上将，戴高乐只是上校，到一九四○年春季雷诺的短命内阁，才擢升戴氏为准将，他今日仍只是准将。在古今中外官阶观念森严的军队中，戴氏绝无与吉氏并肩而立的资格。同时，戴氏在法军中一向被认为捣乱分子，在战前他著作了《未来的陆军》一本书，毫不客气地批评法国的军事当局与作战策略，更增加了一些老将领对于这个年幼无知的青年军人的厌恶。他提倡机械化的小陆军主义，反对法国一贯的以步兵为主的大陆军主义。他这种主张，不能说全无见地，一部的主张并且被纳粹采纳。他的机械化的主张在今日公认为正确的，但他的机械化之后，就只需人数甚少的一个军队的主张，已为此次大战证明为完全错误。但无论如何，他如果只平心静气地发表主张，他的人缘还不至于高度的恶化。但书中的口气逼人太甚，使多数的军事首要读后感到难堪。例如书中有一段说：

> 一个天降大任的人物的深沉孤特与自足，使他只在非常时期才为人所重视。虽然与他接触时，使人不得已而承认他的超绝性，因而对他发生敬仰，但他总不为人所喜，并且他不屑于把他的大才用于平时登进所需的逢迎阴谋与虚伪。所以除非他意志坚决，百折不回，他一定被环境所软化或腐化。

他这一套话并不是无的放矢，与全书的论调合观，他一方面是在痛骂法国军队中的一批老前辈，一方面又在说明他自己是一个特殊的天才，一个上天将降大任的人物。一个自认为有才的人，不妨有此抱负，但大可不必半公开的如此自我夸耀。认清此点之后，我们就可明白为何戴高乐虽然抓住机会发动自由法国运动，但无论是投到他的旗下的法人，或与他合作的英美军政要人，都感到与他共事的困难。单就他与吉罗德的关系而言，在半年的来往折冲期间，吉氏的让步还较戴氏的为多，最后吉氏不顾官阶的界线，与他同为解放委员会的主席，但仍不能满足戴氏的要求，仍要用政治的手腕强迫吉氏辞职，此种作风在平时已不足为训，在国家命脉不绝如缕的今日更是使亲者痛仇者快的行动。就私人论，我们并不说吉罗德是完人，但就他那比较谦让比较妥协的行动言，他可说是有略高一等的政治风度。

假定吉戴之争只是两人之间的问题，或只是解放委员会的问题，我们就无需多加研究。但实际此事一方面影响法兰西的整个前途，一方面牵涉到盟军在欧陆大规模作战时的利害，所以凡属同盟国的人士对此不能漠不关心。先就法国本身言，一九四○年的屈服证明法国内部情形的复杂万分，将来只有一批谨慎周到的领袖才有重导法国于常轨的希望，凡一意孤行或政争气味太浓的个人或派别都只有增加复国后法兰西的复杂性，这是我们站在同盟国的立场而为法国担心的。法国将来如不能稳定，整个的欧洲就极少稳定的机会。这是使我们更加深一层忧虑的可能发展。

再就同盟国将来在欧陆的作战前途言，法兰西当然是同盟国要解放的一个重要对象。但因解放委员会既不是逃亡海外的旧政府，又不是合法产生的新政府，而法国的情形又不可思议的复杂，所以主要同盟国虽都已承认解委会，但都是有条件的承认。承认照会措词最概括的是苏联的照会，但也没有正式承认该会为法国的合法政府，以免将来盟军真在法国登陆时引起无谓的内部纷纠。戴氏对此一概漠视，近来屡次公开表示该会也就等于戴氏自己是法国的主权政府，将来盟军一在法国登陆，该会就当然进入法国，毫无问题地统治法国。这个立场是没有一个同盟国的政府肯接受的。将来登陆时可能因此而发生无穷的误会与困难。

以上的话或过于直率，但我们唯一的希望是法国能积极增助盟军的作战，并能在战后恢复它的旧日欧洲文化重心的地位。要达到这两个目的，今日法国各首领的行动作风是有莫大的关系的。

（原载《当代评论》第四卷第三期，1943 年 12 月 21 日）

苏捷协定与波兰前途

去年十二月十三日，苏捷互助条约在莫斯科签字，约中除规定战时互助及战后合作外，有特别可以注意的三点：(一)明白指出防止德国的东侵政策为主要的目的；(二) 对方互相约定不参加任何方式的反对缔约国一方之国际结合；(三) 欢迎与苏联或与捷克接界的第三国加入协定。第一点是针对过去一千年德意志民族东进冲动的历史而发，俄捷两族都曾受过东侵政策的影响，一九三八年至一九三九年间纳粹的侵灭捷克，与一九四一年六月纳粹的攻苏，不过是最新的例证，自中古以来德人几乎无时或忘向东的发展，苏捷破除外交惯例，在条约中将假想敌的国名提出，是有千年以上的痛苦经验为背景的。

关于第二点，我们可说那是苏联外交上的莫大胜利。年来英美方面与中东欧各国在伦敦的流亡政府方面，颇有人主张组织密切的小国结合，以防德国再起。苏联对此不能放心，认为暗中有反苏最少是防苏的作用，始终反对此种计划的实现。捷克处在中东欧的中央，若无捷克参加，所谓小国结合是无从谈起的。现在互助条约中既然根本禁止捷克参加此种结合，苏联在西界将来就可以高枕无忧了。并且小国与大国同盟，小国当然就等于成了大国的从属，将来若有其他的小国加入，也就同样的成为苏联的从属，任何可能的西来威胁，无论是来自德国的，或来自再西的方面的，苏联已都预先防止了。

最有趣的是第三点，所谓欢迎第三国参加，显然的是指波兰而言，伦敦的捷克政府方面并曾公开地邀请波兰签字加入。苏波两国目前断绝国交，断交的表面原因无论双方是如何说法，真正的原因当然是疆界问题。一九三九年九月苏联与纳粹夹攻波兰，瓜分波兰，苏联所分得的占波兰旧土的二分之一以上。一九四一年纳粹攻苏后，七月底两国在伦敦签订条约，声明两年前的瓜分协定无效。但战局好转后，波兰颇疑苏联有推翻前约的意图，苏联的抓住机会而宣布断交，不只更增加了波兰的疑虑，并且使世界各国都不免疑神疑鬼。现在苏联又造出外交上的既成事实，要叫波兰接受。波兰如果不问清楚而签字入盟，就等于低首下心地投归苏联，若要求苏联明白宣布断交事件并未取消一九四一年七月条约的效力，恐怕苏联未必就肯答应，流亡的捷克恐怕也无居中担保的力量。波兰如果拒绝参加，就等于与苏捷处在对立的地位，也绝非国家前途之福。此事究竟如何解决，殊难逆料。波兰流亡政府日来正在苦心焦思地谋求出路，何去何从，最近的将来或可分晓。

苏波两国都是我们的盟国，我们对此事不愿有左右偏袒的表示。但我们愿由盟友的立场向双方提出几句逆耳之言，希望能对问题的解决有所贡献。就苏联言，苏联既然否认纳粹的一切侵略，似乎也当否认自己与纳粹所共同发动的侵略，在法理上这是难以驳覆的原则。但就道义言，苏联所占的波兰旧土上的人民大多为白俄罗斯人与乌克兰人，按理当归血统与文化较为接近的苏联。然而错综万状的欧洲大陆之上，民族界限的一笔旧账是永远算不清楚的，大国当有大国的风度，苏联的断然绝交与绝交后的对波压迫，似乎在风度上有欠斟酌。力，诚然是国际关系上的最后条件，但人类的正义感似乎也不像有些人所想的那样全无价值。

就波兰言，波兰将来也有根本改变作风的必要。波兰是欧洲历史上有名的既不能强又不能弱的民族。十八世纪末的惨遭瓜分，主因是在邻国都已统一时而波兰人终日自相捣乱，始终不能统一。第一次大战复国后，波兰在全欧洲是以虐待境内少数民族著称的。国力虚弱，却以大国自居，有一次竟然拒绝捷克的合作提议，理由是强大的波兰只与大国往来，不屑与小如捷克者交亲！追随纳粹承认满洲伪国，它是以弱国而玩权力政治的一种怪剧。一九四一年夏季，伦敦的波兰流亡政府的议会成立后的初次会议中，所讨论的就是复国后如何对付国内犹太人的问题，多数的建议都是抄袭希特勒的排犹主义的，以致惹得最讲地主之谊的英国人也公开地提出抗议。凡此种种，恐怕都会劳五百年后的历史考据家证明为不可相信的记载之误或恶意谣言，今日的人也需要不可抗拒的证据才敢置信，未来的波兰如不彻底改变作风，东部国境即或恢复，恐怕只有增加民族的嚣张之气，国际有变时，一定会产生较第二次大战时尤惨的遭遇。

波兰问题，是第二次欧战的导火线。将来波兰仍是苏联与西方强国之间的一个交汇点，波兰问题的能否解决，如何解决，关系欧洲的和平甚大，欧洲的和平当然也牵动全世界的和平，为未来的和平着想，我们极力希望苏波双方能互相容忍而求妥协。

（原载《当代评论》第四卷第五期，1944 年 1 月 11 日）

德舰"沙恩霍斯特号"沉没

　　十二月二十六日，德国排水量二万六千吨的主力舰"沙恩霍斯特号"在挪威以北的北角被英国战队击沉。此事关系重大，可分两方面讨论。第一，纳粹海军经受此次教训后，对于英美接济苏联的北线，由英国至摩尔曼斯克的航线，将不敢再轻易阻挠，此后苏联取得供应品必更容易，可使苏德战场的局面益趋好转。第二，德国海军此后恐怕将不再冒险出动。德海军自"俾斯麦号"被击沉后，两年半以来总未冲到大海作战，一经出战，又受重创，将来必又恢复深居简出的政策，在内港埋伏不动。据盟方所知，德国今日尚有大主力舰一艘，"特比兹号"，四万五千吨，前已受伤，尚未修复，暂时不能出战，"沙恩霍斯特号"的姊妹舰一艘，"哥奈森诺号"，二万六千吨，前曾受伤，是否已经修复，尚不可知。此外德国尚余较重的军舰只有袖珍战斗舰一只，一万吨，重巡洋舰一只，一万吨，大航空母舰一只，再次就只是轻巡洋舰与驱逐舰了。一万吨以上的军舰太少的一支海军，根本不能与重军舰较多的一个海军作战，因为火力射程差别的关系，使无重舰或重舰太少的舰队没有射到对方舰队的能力，而对方舰队则可毫无阻碍地发射重弹。自"俾斯麦号"沉没后，德国海军本已难再对英作战，现在重舰又丧一只，将来唯一可作的事，恐怕只有用轻舰乘虚扰乱而已。

　　最后，有一点可以注意的，就是我们中国一般人以至多数报纸对此事的太不注意。英国不必说，美国各报都以此事为第一等的重大新闻，大字登载，多方评论。这在海上民族的盎格罗萨克逊人可说是当然的。中国自古以来是大陆的国家，对海洋的重要不能了解。我们今日抗战的痛苦局面，可说完全来自海路的整个断绝，但虽至今日，全世海军平衡上的重大变动还不能打动一般的人心，也可见历史传统的积重难返了。中国变成大海军国，不是短期所能实现。海军的建设较陆军空军都困难多多。苏联经过多年的整军之后，只在陆空方面大有成就，海上的力量仍微不足道。近代式的海军在俄国已有二百年的历史，尚且如此，中国海上建军的困难更可想而知了。但中国如不图强则已，如果想要名实相符的独立，最少要有足以自卫的海军。我们是一个温水海线特别长的国家，海门大开，如无最低限度的可用的海军，就等于没有国防。要建海军，今日虽然不是开始的时候，但应当是准备的时候，一个重要的心理准备就是一般社会对于海防的注意与研究。今日七海之上无不常有大小的战役，正是我们研究海军与海战的难得机会，望国人不要错过良机！

（原载《当代评论》第四卷第七期，1944 年 2 月 1 日）

战后的苏联

对于苏联我们须要有一个基本的认识，就是它与欧美任何其他的一国都大不相同，它是自成天下的。由此点言，它正与中国一样。中国本是自成一个世界的，最近一百年来才被强有力的欧美拉入西方的国际局面之内，成为许多列国中的一员。俄罗斯当初也是欧西以外的一个独立文化系统，二百年前才半自动地半被迫地吸收西化，改组内部，加入欧西列国的政治旋涡。对欧美略作研究的人，都感到俄罗斯人与其他欧美人在风味上的不同，根本的原因就在此点。我们若极端地讲，甚至可说如果世界上没有任何其他的民族或文化与它纠缠，对苏俄将是最称心如意的事，正如在根本上我们中国也可说有此心情一样。

但事实上，欧西文化所创的列国局面是今日世界的最大前题，无论高等文化的民族如中国或苏俄，或未开化的民族如中非或许多岛屿上的弱小民族，都须自动地或被动地在这个局面中谋求出路。专就苏俄言，它在复杂的国际中有一个别国所没有的困难，就是国界线太长，邻国太多。欧洲方面的邻国有芬兰，波兰，罗马尼亚。亚洲方面的邻国有土耳其，伊朗，阿富汗，中国，日本(在库页岛)。一国而有八个大小的邻国，这在今日的世界上是最高的纪录。所以苏俄时常有受人包围之感。此次战前它常说资本主义国家要向它阴谋围攻，除一部的宣传作用外，根本的原因就在这种特殊的地理形势，它的被包围说最少在主观上大体是诚恳的，并不完全是口是心非的宣传词令。况且它在文化上又自成体系，与他人完全互谅互解，不免困难，当然使它更容易发生八面埋伏之感了。

认清此点之后，我们对于苏俄过去的外交政策就不难明了了。此次战前对于集体安全最热心的，莫过于苏联。与大小的邻国都设法订立互不侵犯条约，由近处言，这是为的谋求内部建设的机会，但较远的道理是苏联整个地理形势使它自然地拥护集体安全制，理想的集体安全不能成立时，它就采取普遍的睦邻政策，以便建设以自己为中心的一个小规模的集体安全体系。

但专凭条约的睦邻，往往不可信赖，再进一步的安定边境办法是设法使邻国在精神上与自己相通。帝俄特别欢迎君主专制的邻国，第一次大战后的苏俄向世界各国，尤其接壤的邻国宣传共产主义，除了抽象的主义信仰外，主要的原因还是自求安全的政策。主义制度完全相同的邻国，容易成为善意的邻国，是很明显的道理。国境太长，不能每寸每尺设防，精神的防线是最经济最可靠的防线。

但主义制度的宣传，无论是君主专制或共产主义，都不见得能一帆风顺的成功，不得已时只有进而求更直接一层的安全保障，就是在界外的邻壤之上成立缓冲地带。帝俄在波斯北部，在中国的新疆、外蒙、东三省，都有此种企图，第一次大战后此种政策也未能全部改变。这种在邻国领土上建立缓冲地带的策略，虽在古今的历史上是常见的事，但帝俄与苏俄对此特别注重，因为它是自成天下的文化统系。中国过去二千年间每当盛强时都在国境的边缘设立许多朝贡的藩属，性质正与此相类。

此外苏俄在地势上又有一个特点，使它时常想在国境以外谋求发展，就是它总感到自己没有好的出路。自帝俄时代起，这个横贯欧亚的北方国家就是世界上疆域最广的第一大国，但它没有一个四季开放的良港，这更增加它的受人包围被人封锁的感觉。在西方它久想冲出黑海，最好是占有全世界有名良港的君士坦丁堡。在东方，帝俄的侵入东三省，除求缓冲求安全的政策外，另一个重要目的就是开发辽东半岛，打通常年不冻的旅顺大连。但帝俄追求温水港的计划，在东西两方都未成功，苏俄成立之后一时也无暇旧事重提，但温水港的缺乏仍是今后的苏俄所不会完全忘记的一种痛苦。

过去的俄罗斯既如上述，今后的苏俄又将如何？地理环境，历史传统，与文化特征是任何民族的一切行为的最后推动力与决定力。苏俄在此种力量下，使它不期然而然的第一想要推行集体安全制或普遍的睦邻政策，其次就要推行主义宣传的自卫政策，再其次就要在邻国设缓冲区了。最后一种政策又与追求温水港的欲望时常打成一片。战后苏联的对外国策，大体仍难逃出上列的几种范围。由莫斯科与德黑兰两次会议的顺利结束，由近来苏俄对英美的日愈接近，可见今后的苏俄所希望的仍是普遍的睦邻，最好是名称其实的集体安全能够实现。在飞机世界的今日，"邻国"一词的意义已经扩大，扩大到全世界各国都是邻国的地步。在所要睦的邻国中，苏俄当然特别注意富强的英美两国，希望与两国长期交亲，合作建立集体安全。况且苏俄此次大战，人力物力的损失超过世间任何其他的一国。只有中国的损失可与它相比，但中国是尚未真正开发的国家，而苏俄所损失的是三次五年计划的成果的大部。它此后需要长期的休养生息，以便重新建设。在建设的过程中，在许多方面不免需要英美的协助，这更增加它交睦盎格罗萨克逊民族的愿望。所以我们可以断定，第二次大战后的苏联的利益，是与其他各国的利益完全一致的。大家都需要和平，都需要养息，最近未来的世界没有呈显不安景象的理由，普遍全世的集体安全制是应当不难成立的。

但唯一理性动物的人类，往往也是最不讲理性的，有十足的理由实现的局面，人类未见得就让它实现。我们不可一厢情愿，不快的可能我们也须勇敢地加以研究。集体安全制如果不能顺利的建立，任何一国，无论大小，当然都无好处。我们现在是谈苏联，所以也就专由此点推敲苏联的可能局面。集体安全如不能建立，或建立不久而又破坏，苏联必将被迫再去采取中策或下策，就是主义的宣传与缓冲区的追求，因为那是它唯一的自保之计。苏联尽管损失惨重，但它在物力与技术能力方面仍不失为与英美鼎足而三的大强国，它的向背是可以举足轻重的，它虽在国力大耗之后，仍是有自行其是的资格的。我们常用"地大、物博、人多"一词形容一个大国，但由十足近代化的立场讲，只有美苏两国是能符合此种形容词的。美国不论，我们试看苏联是如何的大、博、多。

苏联的领土占全球陆地的六分之一，与整个月球的面积相等。由东至西，太阳需要十一小时穿过苏联的国境，中国与美国都只有四个时区，苏联若再多一个时区，它的领土就绕地球半周了。由北至南，北起北极，南达半热带的印度北界不远的地方。这一大块地面并且是一个整个的大平原，除不甚高的乌拉山外，只在边地才有山脉，内地全是一望无际的原野。苏联不只是实际的大，地大的印象也只有在苏联的大原上才能彻底地获得的。这个实际大而印象更大的现象，使苏联每个公民锐敏地感到小我的渺小与大我的重要，俄人的一向勇于牺牲，尤其此次抗德战争中所发挥的不可想象的全民视死如归的精神，是苏俄的大地所给的神秘力量。

苏俄的可能富源，在今日的世界恐怕是占第一位的。二十年前美国还是世界最富的国家，但经过最近二十年勘查的结果，证明苏俄可与美国相比，在许多方面并且超过美国。除乌克兰农田的肥厚不计外，苏联煤矿的蓄藏量占全世界的百分之二十一，铁矿占百分之二十，森林占百分之三十三，在今日世界最宝贵的油矿方面苏俄占全世界藏量的百分之五十五，达美国的三倍。这大半都是过去二十年的发现，将来可能还可勘出新的矿址。这些富源，大部尚未开发，所以今日苏联的实力尚还在美国之下。但由苏联过去二十年进步的速率看，它的赶上美国恐怕并不是太远的事情。

物须有人利用，物力与人力是分不开的。苏联最近的人口为一万九千三百万，较英国本部与北美合众国人口之和尚多一千万。这当然不能与中国的四万万五千万相比，但人口多不见得就等于力量大，在今日的世界人与物的适当配合才是真正的力量。帝俄时代的人口尽管多，但仍未成为强大的力量。今日情形大不相同，苏联国境之内，新的工厂与新的工业城市有如幻术的由地出生，并且工厂多属最新式的，可与英美德高度工业化的国家相比。工人的训练也非常见效，对机器已能了解，能运用自如，制造与利用都能达到最高的标准，此次战争中的表现是此种全新发展的明证。二十年前的帝俄乃是世界上一个有名落伍的老大帝国。此次战事初起，连最同情苏联的友邦人士都替它担心，就是由于大多数人不能想象此种惊人的进步，因而很诚恳地低估苏联的力量。纳粹当然也犯了这个毛病，否则就不致冒险东侵了。今日苏联工业化的程度，仅次于英美德三国，就工业化的规模言，它只次于美国一国，因地大物博，在规模上已经超过英德两国。

此次大战无意中并使苏联工业的发展采取一个新的方向，就是西伯利亚的大事开发。为求躲避纳粹的初期攻势，许多的工厂东迁，昨日的旷野，成为今日的工业城市。垦田，开矿，开河渠，修铁路，都是最近两年在西伯利亚特别显著的新发展。由工业化方面讲，一九四一年的苏联仍是一个欧洲的国家，但今日它已是横贯欧亚的大工业国了。此次战后苏联不只是欧洲的大强，它在亚洲的地位也较前更加提高。

以如此的一个强大力量，而由种种方面表示要尽力谋求国际合作与集体安全，解散第三国际，屡次表示与英国二十年同盟条约的诚实履行，在莫斯科会议中使一向对苏联不能十分谅解的赫尔国务卿转变为艾登外相同样亲苏的要人——也无怪英美两国，无论政府或舆论，都表示要与苏联力求合作，维持未来世界的和平了。中国一向就有和平的传统与大同的理想，苏联以及英美最近的发展正与我们的传统理想相合，这当然可使我们战后对于世局的应付容易多多。但我们是地大人多而物不甚博并且仍未开发的国家，所以由近代的立场讲，仍是一个力小的国家，将来对于世界各国，尤其对于近邻的苏联，必须轻重得体的善于自处，尽可能的与它合同实现普遍的集体安全制，使它不再感到有采取中策下策的必要。这是中国的自保之策，也是中国对于世界和平的最大可能贡献。

（原载《当代评论》第四卷第八期，1944 年 2 月 11 日）

欧美民族主义的前途

一九一四年间，甚至一九三九年间，任何人若说欧洲各国的民族主义有消灭的一日，必要贻笑大方。有人在两次大战中间的二十年间，在随便的谈话或学术的讨论时，确曾提到此种可能，没有一次不被旁人视为神经过敏或故作奇论。第二次大战以来的欧洲突变，或者可使看民族主义有绝对永恒性的人，略为修改意见。有起必有落，有生必有死，今日欧洲的任何民族都没有千年以上的历史，短的甚至只有三百年，如荷兰或比利时之类。如此短暂的现象，而定要认为万古不变，岂非太不认识历史?过去且不讲，专看我们中国，先秦时代的齐、楚、秦、晋、燕、鲁、宋、吴诸民族，而今安在哉?若说当时的民族观念，不似今日西洋各国的那样强烈，那只是数典忘祖之谈，春秋战国的民族主义绝不下于今天的欧美各国。因为文字的一致，语言分别的较少，先秦各国的民族主义在表现上或者不若欧洲各国的狂热。但最少也与古希腊半岛各国间的尔我之别同样的清楚，由任何方面言，都是人类历史上可备一格的民族主义现象。

宇宙间的一切，包括人生，包括人生一部的政治，是有节奏的，生死起伏是必然的。中国古语所谓"日中则移，月满则亏，物盛则衰，天之常数也"。看似老生常谈，却实含有至理。这种古语并非只是观察自然现象而得的结论，乃是深察一切事理之后所得的彻悟。明眼人在第一次大战后，就可断定欧美的民族主义已到了盛极转衰的时会。民族主义自十五六世纪成立，到十九世纪已成为游漫全欧的热潮，已独立的大小民族集团当心满意足，未独立的无不以独立为最高的要求。果然，经过一九一四年至一九一八年的大战后，可说一切被压迫受限制的弱小民族都被解放，达到政治独立的目标。至此民族主义已登峰造极，上无可上，只有走下坡路，有如今日大家所共见的情形。

至于专就民族主义讲，为何必须衰退，其事谈来话长，我们只能简略地述说一二。封建时代尚无民族观念，只有阶级观念，不必多论。十五六世纪以下，各国由国王统一，国王成了国家的象征，所以才有"朕即国家"的名句。此时封建的贵族仍未消灭，但他们只能在国王统一之下维持地位。政治上活动的，仍以贵族为主，他们自视为国家的"人民"，也只有他们是"人民"，别人都不算数。这是最早的国家主义或民族主义的形态，是以贵族为中心的，此时中等阶级，商人与知识分子，已经兴起，也要参与政治，进入"人民"的圈内，但普通即或不遭贵族拒绝，也被贵族视为第二等公民。到十八世纪末与十九世纪初，法国大革命爆发，推翻贵族，中等阶级开始占了上风，成为不折不扣的公民，贵族或完全消灭，或也随着中等阶级作公民。农民，工人，以及其他的人，在心理上也都追随中等阶级，成为公民。至此可说是一国之内所有的人都是平等的公民，国家思想与爱国精神发展到鼎盛的阶段。一百年后，到第一次大战，而民族主义在民族自决的口号下征服全欧。但民族自决喊遍全世的声浪，实际就是民族主义丧钟的第一声。第二次大战已证明民族国家不能再照旧维持下去，今日的民族自决呼声，已是尾声，世人在心坎深处，已不再对它发生浓厚的兴趣。在十九世纪，每一个独立国都有自己的对外政策，政策也能多少得到他国的尊重。然而时至今日除了极少数的大国外，一般的国家根本谈不到独立的外交政策。试看欧洲大陆，除苏联外，是否尚有一国能说仍有政策？连法国恐怕都已没有此种资格。再如拉丁美洲各国，也同样的没有政策可言，阿根廷想要自己独当一面，但也只是想想而已，在世界上并不发生任何实效。一般的国家只有追随某一个大国，若对某一个大国不满，也没有自由改变方针的可能，最多只能转而追随另外一个大国，但多数国家连这种选择的自由也不能享受，地理或经济决定它们只能依附限定的某一大国。国际情势既然如此，民族主义岂不只是理论，民族自决岂不已成清谈？

以上是专就国际实力中心已经限于少数力点而言，但若谓多数国家不能维持真正的独立自由，是由于大国的太少与太强，那也只是真理的一面。另外还有一面，也很重要，但容易被人忽略：就是民族主义的衰退，是因各民族内部先有腐烂趋势；并不限于小国，大国也受同样的影响，不过靠实力尚可勉强维持旧观而已。我们若作价值的判断，可说这是民族堕落的现象，若只就事论事，不计善恶，可说这是一般人民心理变化的表现，这种心理变化，是都市生活的自然结果。在整个人类史上，不分古今，不分地域，文化都是兴于城市，最后都是毁于都市。封建时代贵族已有聚于城市的趋势，政治活动与文化潮流也都以城市为主。国家由国王统一之后，贵族与一部的中等阶级在城市度政治的生活，作文化的活动。这些城市都是自然长成，所占面积不大，人口也不太多，大家可以互相认识，城市仍是一个有机体。但到大革命爆发，全体人民都成平等的公民之后，少数的城市，或旧有，或新建，急遽的扩大面积，大量地吸收四乡的人口。大而无当之后，市民互相认识已不可能，时势所趋，连同屋同院的人也可共住一年或多年而始终不交一言。经济权有集中的趋势，使得大多数市民没有恒产，没有恒业，因而也没有恒心。传统宗教的势力至此大衰，知识的发达使得多数人没有宗教信仰，但同时也没有任何其他可以支配人格的基本主张，脑无所不知而心漫无归宿。一人生在熙熙攘攘的都市之内，前后左右满是人类，但仍觉得有如处身沙漠，寂寞至极，都市人民的追求各形各色的狂欢，正是内心空虚与苦闷的表现。空虚与苦闷，使得人渐渐对一切都丧失真正的把握与兴趣，生活压迫与多年习惯虽使他们克尽厥职，但一遇到非常的变故，往往就难以站稳。第二次大战期间第五纵队的遍满全欧，与内奸充斥各国，直接的是民族主义的末路，间接的而尤其重要的是人心无主的明证。此种大的趋势，是无从挽回的，若再遇到大不景气或新的大战，我们就必可见到民族主义与整个十九世纪局面的烟消云散。曾经热心于国家思想一百年的人民，现在已感到厌倦，无论物质条件如何，精神条件已不足继续维持旧局。

西洋文化今日已发展到一个大的歧路口，民族主义的末落只是歧路口上一种彷徨的表现。与此相关的，公民渐渐完全变成群众，是最严重的新现象。自主的是公民，由人摆布的是群众，摆布的现象一旦普遍之后，历史的趋势就到了难以逆料的时候，我们只能说："自今以后，任何事都可发生。"所怕的是发生的"任何事"不只是仍有旧理想的人所深恶痛绝，也是摆布群众的人所始料不及。今后的欧美是一个变幻莫测的欧美，较第一次大战后尤怪的怪事恐将连续不断地发生，凡仍有冷眼观察能力的人，必可得到丰富观察机会！

（载《中央日报》，1946 年 2 月 12 日，"现代"七期）

印度还政问题

　　去年三月，英国首相艾德礼宣布，英国已决定畀予印度在英帝国内或英帝国外的完全独立地位，在当时，各国的论者对于这个宣告多不知如何判断，因为由于习惯的关系，一般人不容易想象英国能够放弃印度。今年二月二十日，艾氏作了进一步的声明，允诺于明年六月以前，将政权归还印度，至此，世界舆论开始承认，英国是真要由印度撤出，不再似过去的玩弄虚玄，第二次大战后的英国，在人力上与财力上都已大不如昔，对于世界各地的负担，非作有计划的收缩不可。印度是英国对外的最大负担，在力不能胜的今日，必须赶快设法摆脱。现在的问题已不是英国愿不愿早日由印度退出，而是印度能不能早日负起政治的重担。经过三个月的磋商，印度的各政团、各民族、各宗教之间，仍不能发现一个大家同意的政治基础。由许多方面讲，印度问题的复杂，远超过今日世界任何其他国家的问题。撇开次要的关系不谈，印度问题的基本困难有二：一是政团，一是藩邦。

　　印度的主要政团为国民大会党与回教联盟。在全印的人口中，印度教徒占百分之七十，回教徒占百分之二十强，其他的政团尚多，但在人口数量上都不重要，国民大会党原为印度教徒的组织，近年来已开始吸收回教分子与其他的分子，但印度教徒仍占多数。回教联盟为纯粹回教徒的组织。国民大会党一向所宣布的目的为独立而统一的印度，希望自由之后的印度只有一个以国大党为中心的中央政府。回教联盟认为若果如此，回教徒将永为治于人的少数，所以主张实现独立而二分的印度，提出"巴基斯坦"的口号，就是"清真国"的意思。回教徒密集印度西北部及少数其他的地方，将来此地组织一个回教的印度国。其余的大部土地可由国大党去组织一个印度教的印度国。印回的对立已够严重，两教之外尚有一个人口虽少而却不可忽视的力量，就是锡克教徒。锡克教为四百年前受回教影响的印度教徒所创的新印度教。就政治意义言，锡克教的重要性在乎它的尚武精神。今日印度军队中，大多数为回教徒与锡克教徒。锡克教的人口六百万，只占全印人口的百分之一点五。他们多数聚居印度中北部，尤其集中于旁遮普省，与回教徒杂居。在英国入主全印之前，此地曾有一个强大的锡克国，统治当地的回教徒与印度教徒。所以在回教联盟提出"巴基斯坦"的口号后，锡克教又喊"卡利斯坦"，就是"锡克国"的意思。

在宗教民族的问题之外，印度又有一个政治区分的问题，地图上的一个印度，在政治上分为两部。一部为英属印度，分为十一行省，占全印土地的十六分之九，人口的五分之四，由总督直接统治。其余十六分之七的土地，五分之一的人口，属于藩邦区域，错综于行省之间。大小的藩邦数目将近六百，大的与一省相埒，小的在普通的地图上根本不能看见。每邦有世袭的君主，都与英国有直接的条约关系，除外交全由英国主持外，在内政上各邦所受的干涉不一，少数大邦内政几乎完全自主。小邦的自主程度较差。这些由印度混乱割据时代所遗下的藩君，虽在理论上也赞成印度独立，但无论对国大党或回教联盟都取比较超然的态度，对于与英国的关系也不急于割断，英国也不便于强迫藩邦追随英属印度境内的政治潮流。

以上是印度局势的大概轮廓。这个势力交错的印度，费了三个月的时间，找不出一个接受英国宣言的具体方案。最后于本年五月中下旬之间，印度总督蒙巴顿勋爵飞往英伦，与英国政府会商还政的计划。月底飞返印度，六月三日蒙氏向全印宣布英国的最后决定。第一，英国承认印回对立的事实，准备给予印度斯坦与巴基斯坦两个单位以自治领的地位，并且自本年八月起，政权就要开始移交，至迟于明年六月要完成移交的手续。锡克教徒因为人口太少，不能自成一单位，他们大部要归印度斯坦，但因界线无法划清的关系，仍有一百万锡克人不得不划入巴基斯坦的领域之内。第二，在英属印度分治而取得自治领的地位之后，英国也就放弃藩邦的宗主权，每个藩邦都可自由选择，或加入两个印度国之一，或完全独立。英国不准备把自治领的地位给予任何藩邦。

就事实与影响两方面分析上面的计划，有五点值得注意。一、印度斯坦的人口约二万万，占全印人口之半。此外尚有藩邦的人口八千五百万人，被围绕在印度斯坦的疆界之内。巴基斯坦的人口约六千万，外又包括藩邦的人口八百万。二、全印农业与工业的财富，大部集中于印度斯坦。印度的三大都市，孟买，马德拉斯，以及今日全印首都的新德里，都包在印度斯坦的域内。巴基斯坦在经济地位上较差。但全印的苎麻与石油都属于清真国。三、巴基斯坦在地理上分裂为东西二部，西部以旁遮普为中心，东部以东孟加拉为中心。四、印度斯坦境内少数民族的锡克人特别尚武，占绝对多数的印度教徒必须谨慎应付，方不至引起意外的困难。五、小的藩邦，尤其完全被两大之一所围绕的小藩邦，事实上没有选择的自由，将来只有加入两大之一。但大的藩邦，不见得愿意在政治上自我牺牲，少数大的藩邦已经表示要宣布独立。回教联盟的领袖真纳氏对此尚可接受，但国大党领袖尼赫鲁却坚决表示反对，并向全世宣布，任何国如果承认藩邦的独立，印度将视为不友好的行为。此事究竟如何发展，尚难逆料。

在以上这五种关系之外，特别值得注意的一件事，就是印度斯坦与巴基斯坦在正式取得自治领的地位之后，究竟要长期的或永久的留于不列颠联合国的组织中，或将很快的行使自治领所有的最高选择权，决定脱离不列颠而完全独立，如果脱离的话，也有两种可能：一是两个印度都独立，一是只有一国与不列颠断绝关系。此事如何决定，就过去言，将为英国统治印度成功失败的最大考验，就未来言，将深刻地影响世界的安宁。因为新的印度在最近的未来不会太强，如果留在不列颠的体系之内，外力恐怕不敢轻易渗入；如果完全独立，即或内部的和平能够维持，也难免成为国际阴谋的一个重要对象，在已经混乱的世界上又将加添一个混乱的因素。

（原载《独立时论》第一集，独立时论出版社，1947 年）

美国设国防部

统一海陆空三军，设立国防部的法案，于七月二十四日与二十五日先后由美国国会参议院与众议院通过，二十六日即经杜鲁门总统签署，完成立法的手续，同时并任命原海军部长福莱斯特尔为首任国防部长，酝酿将近两年的国防部之议至此遂成为事实。按照议案条款的规定，原有的海军陆军两部取消，设立统一武装部队的国防部长，代替原有的海陆两部长为唯一掌军的阁员，统辖美国全部的国防机构。国防部下设立海陆空军三署，地位相等，每署设署长一人，没有阁员地位。

除了三署之外，在国防部之内或与国防部有关的，尚有五个永久性的机构：(1)国家安全委员会，包括总统、国务卿、国防部长、海陆空三署署长，及国家安全资源局局长，为国防的最高机构。安全委员会中的军事人员与一部高级的军事人员又组成参谋首长联席会议，为安全委员会的最高军事顾问团体。(2)国家安全资源局，负责民用工业及军事动员的协调问题，以及平时与战时协力动员的设计事宜。(3)中央情报局，向安全委员会报道消息，使政府充分获悉外国的军事动态。(4)军火局，通盘筹划海陆空军三署及军事各部门的军火采购事宜。(5)研究发明局，统辖一切与军事有关的科学研究问题。这个新法案的条款非常完备周密，代表美国军政机构上的一个重大变革。

海陆空三军指挥的分立或统一，本是第二次大战结束以来美国国会，海陆空军各首脑，以及舆论界激辩最多的一个问题。按美国原来的政府组织，与国防有关的为军政部与海军部。军政部历史最早，在美国宪法公布的一七八九年就由国会通过成立，总理一切军政事宜，海陆都包括在内。九年之后，一七九八年，国会又议决成立海军部，军政部的名称仍旧，但实际已成为陆军部。进入二十世纪，飞机出现，并且很快地就成为作战的武器，于是海陆两部都设立附属的航空队。其中陆军航空队的行动比较自由，海军航空队大体上受纯海军人员的支配。因海陆两部已有了一百年以上的历史与传统，对于空军始终认为只有辅助作用，否认空军能与海陆两军并列，所以直至第二次大战结束时，在美国整个的政治机构中并没有一个独立的航空部。至于海陆两军之间，以及两军的两个航空队之间，虽当然保持联系，但因系统的复杂与人事的关系，脱节之处在所难免。这在平时已非理想的办法，一到战时就可招致不必需的摩擦、损失与危险。在统制较易集中的极权国家，如过去的德国与日本，已感到军政各部之间的调协大非易事，在美国一个比较自由的民主国家，这种困难很自然的更加严重。在一切速度都不太高的过去，此种情形或者尚无大害。但今日已是闪电战、立体战与原子战的新时代，一切旧的办法都须重新估价，所有固执的成见都须彻底排除。近年以来，客观论者的意见渐趋一致，对于两点已无异议：一、军事各部的行政与指挥应当调协统一；二、空军当与海陆两军处于平等的地位。杜鲁门总统也同意此种看法，远在一年半以前，于一九四五年十二月十九日，他就以咨文一件送达国会，主张成立国防部，统一军事指挥。杜氏在咨文中强调说明，必须海陆军部合并为国防部，并继续维持充分的兵力，方能使未来可能从事侵略的国家深信美国有永久履行国际义务的决心。杜氏并警告国会，第三次大战的爆发，将较最近结束的全球战争更为突然，侵略者并且必将一开始就直接攻击美国，使可能性无穷的美国根本没有在组织上及军事合作上从事试验的机会。美国一旦在措手不及之下失败，整个的世界就必都为侵略者与野心家所征服。所以此次美国绝不可再像第一次大战后那样的彻底解甲与一心一意的坐享太平。除警告外，杜氏在咨文中并拟出成立国防部的具体计划，请国会讨论，斟酌采纳。国会、海陆两部，以及一般舆论界，以咨文为根据，在过去的一年半之间，往返探讨辩论，最后的结论是拥护杜鲁门的建议的。所以国会两院最近通过的议案，大体上等于全部接受杜氏咨文中所提出的各项具体办法。

除了国防部本身，统一三军，不必多论外，在与国防部有关的五个永久性机构中，四个都与统一联系直接有关；就是国家安全委员会，高高在上，总领一切；国家安全资源局，统一一切的军事设计；中央情报局，可以免除重要情报在军事各部门间不能顺利而迅速的传达的现象；军火局，可以避免过去各部门间竞购军火，军用品，与军用材料的恶习。过去美国军事各部之间各行其是的作风，有时几乎令人难以置信。在过去的制度之下，联系的工作分两方面：一为海陆两军的联系，一为军部与政府的联系。两军之间有时已可失去联络，国务院又须与两个军部分别维持联系，在这个复杂的三角关系之下，可能的误会与脱节之处非常之多。例如珍珠港偷袭时美国的束手挨打，原因虽然很多，其中一个重要的原因就是当地的海军与陆军之间，华府的海部与陆部之间，两部与国务院之间，联络都多少欠佳，否则绝无一个大的舰队骤然间被敌人全部沉伤的可能。实际美国当时有的方面已经预知日本的计划，美国本有充足的时间可以预防，但这个重大的消息竟然无法及时而有效地传达给珍珠港上实际负责的防守人员。这岂不是较小说尤为奇怪的怪事！此后美军在世界各地作战，虽未再犯珍珠港的严重错误，但小失联络的例仍然时常发生。这个教训已为美国人所深切领受，所以全国上下主张军事统一，使纯军事的范围内不再有脱节的现象，同时也使军部与政府间的联系得以一元化，把误会的可能性减到最低的限度。

与国防部有关的第五个永久性的机构，研究发明局，自然地使我们联想到火箭炮、雷达、原子弹、宇宙光、生物学战，以及其他封神榜式的战争武器与战争方法。今后如果再有国际大战，大军的价值不免要打折扣，在纯军事方面决定胜负的将为科学武器的多寡与优劣。所以战后的美国，以及其他强国，无不尽力从事军事科学的研究。

以上是我们不计是非，不谈好恶，纯粹就事论事，对于美国最近军政改革计划的一个简单介绍与分析。其实何只美国，所有的强国无不正在各尽所能，各就所需，采取同类的布置与准备。这是值得忙于高论的热心人士，在倡导永久和平之余，抽暇一加留意的一个国际现象。

（原载《独立时论》第一集，独立时论出版社，1947 年）

两次大战后的世界人心

由日本投降正式算起，第二次世界大战结束已经整整两年，短短的两年期间，世局真是千变万化，对于线索太多，情节太繁的变化，人心颇有应接不暇之感，猛然想起，好似已经过了半世。惯于此种紧张局面的人，往往不易想象另外一种局势。其实，太远的不必说，近如第一次世界大战后的九年，情形并不如此，最少并不完全如此，两相比较，使我们对于今日可以更亲切地感觉，更深刻地认识，更显著地明了眼前人世的悲剧性。

在第一次大战的晚期，美国威尔逊总统提出十四原则的呼声；认民族自决为天经地义，认民主制度为政治发展的当然目标，认为此后可以免除战争，人类可以永久的安居乐业，在无限的进步之下，达到美满的人生。当一九一八年十一月十一日德国投降时，以上一套的观念可说是普世人心的公同信仰，这种信仰是和平再临时期的精神背景。在这种精神背景之下，许多民族国家在欧洲出现：奥地利、匈牙利、捷克斯拉夫、南斯拉夫、波兰、芬兰、拉脱维亚、爱斯脱尼亚、立陶宛、土耳其等国，先后都在民族自决的大原则下成立，并且这些国家，最少在名义上都是以英美或法国为标准的新兴民主国家，多数国家也努力的去作民主的试验。当时一般都认为，民族国家与民主制度是万古不变的永恒真理，丝毫没有可以置疑的，短期间即或不能实现，不久的未来必定全部实现无疑。

以上是理想的一面，此外还有现实的一面，就是列强的争夺土地。在欧洲内部，国界的纠纷非常之多，意大利与南斯拉夫的复杂国界问题是一个特别尖锐化的例证。欧洲以外的战败国殖民地，也成了列强争夺的对象。最后用委任统治的方式，列强把德国与土耳其的殖民地全部瓜分，除美国因特殊原因在那一次未肯参加此种分赃行为外，亚洲、非洲与太平洋的战败国属地，都由英国、法国与日本，分别据为己有。列强的争夺土地，未尝没有使许多人失望，但大体上一般人都认为这是旧习惯与旧观念所造成的一时不美现象，整个的前途仍是乐观的，不满人意的一切很快的必可全部克服。

一九一九年一月的巴黎和会，是在这种乐观的心情下召开的，会中虽发生了许多关于土地与其他问题的争执，但到当年六月，凡尔赛条约成立，条约中并包括建立国际联盟的一点。一般的人，包括威尔逊总统在内，都认为只要国际联盟一旦成立，就可解决一切的问题，小国可不再受压迫，大国不敢再去横行，即或大同世界不能一蹴即至，最少一个合作的国际社会可以很快地成为事实。这种热情的看法，前后维持了十二年之久，到一九三一年日本侵占东北而国联束手无策，才开始动摇了世界人心对于国联的信念。

以上是第一次大战方才结束后的世界态势与人心的形态，足供与今日比较处甚多。今日也有它的精神背景，就是英美所签订的《大西洋宪章》与罗斯福总统所宣布的四大自由，若讲理想，这些只有较比十四原则还要崇高，它们包括十四原则，所不同的是人心的反应。不必等今天，早在德日两国都未签降的两年以前，多数的人已对大西洋宪章及四大自由发生淡漠之感，民族主义已不像从前那样受人崇拜，至于自由、民主等等，更成了宣传的藉口与口号，真正爱惜自由民主的人已在开始减少，许多人已根本不知自由民主为何物，他们所喊的自由实际等于奴役，他们所倡的民主实际就是独裁。第一次大战后的根本精神是

"爱"，今日的根本精神是"恨"。第一次大战后的人，每喊一种口号，无论客观条件如何，最少在主观上是诚恳的，今日一切的口号都仅是口号而已，是达到某种目的的策略，在本身上绝谈不到丝毫的诚恳。

态度的不同，可以使人对于同样的事实发生完全不同的反应。两次大战后，国际间都有争夺土地的表现，有欧洲内部，像意大利与南斯拉夫的疆界之争，今日仍与一九一八年后无异。对于殖民地，对于弱小国家，大家也正在勾心斗角，明争暗夺，但二十七八年前的此类现象，世界并不认为值得特别挂在心头，今日却把这一切都认为是前途黑暗的明证。较此尤为严重的，是对德与日的和会至今不能召开，并肩作战的胜利各国之间的矛盾日愈加深，这是第一次大战后所没有的反常现象。所幸代替国际联盟的联合国机构在战争结束前就已准备成立。但世界人心对它始终没有像二十七八年前人类对国联的那种热烈的期待。大家好似在做戏，是在作不得不作的文章，今日很少人相信联合国机构能达到联合国宪章中所标榜的目的。国联在成立前人心对它有热诚的希望，在成立后，人类曾拥护它到十二年之久。至于联合国，在未成立以前已不能打动人心，在成立后的今日许多人对它几乎已经忘记，必须看到新闻纸上的报导，方才记起联合国的存在。第一次大战后的世界是根本乐观的，今日的世界是根本悲观的。

对于今日的普遍悲观，可有两种解释，一好一坏。坏的解释，认为人世已经绝望，没有信仰，没有前途，眼睁睁的走向毁灭之路，第一次大战后还能有二十一年的和平，今日的世界好似时时刻刻都在准备毁灭一切的第三次大战的到来。与此相反，也可有一种好的解释，认为上一代的人心完全是幻想所支配，不肯面对现实，所以才有幼稚的乐观情绪。但幻想的结果必是失望与打击，侵略主义的兴起与第二次大战的爆发未始不是幻想所造成的恶果。今日人心已经老练，能够把握现实，不怕面对现实，自古以来，现实总是难满人意的，所以今日的人心才如此的悲观。这未必不是健全的现象，承认现实之后，才有控制现实的希望。好似随时可以爆发的第三次大战，终久可以避免也未可知。我们希望，这种好的解释是比较接近事实的！

（原载《独立时论》第一集，独立时论出版社，1947 年）

伊朗问题

　　一度紧张而突趋沉寂的伊朗问题，经过将近一年的外弛内张之后，最近又开始引人注意。据九月廿七日安哥拉方面的消息，伊朗似乎即将被列入杜鲁门抑止中东共产主义的援助计划范围之内。美国国会武装部队委员会委员十六人已经抵达伊京德黑兰，并与伊朗首相举行会谈。另一被称为赴伊军事代表团的组织，也同时抵德黑兰。在苏联方面，据真理报的报导，说伊国北部邻近苏境的亚塞尔拜然省已开始大规模逮捕亲苏分子。并谓此种行动乃出于伊朗宪兵队美国顾问的指使。此外九月二十八日，在伊朗国会中，因一部议员反对苏伊石油协定的批准，会场秩序陷于混乱，协定最后能否批准，尚不可知。伊朗显然的又要成为美苏斗法的一个场所。

　　缘于一九四一年纳粹攻苏后，一方面为防止纳粹在伊的阴谋，一方面为开辟英美接济苏联的一条通道，当年八九月间英苏协议进兵伊朗，苏军在北，英军在南。一九四二年一月，两强与伊朗签约，声明承认伊朗的独立与领土完整，两强在战事结束后六个月，全部撤兵。一九四五年九月二日，日本正式签降，是全球战争结束的日期，所以若讲条约与法理，一九四六年三月二日为外军撤离伊境的最后限期。美国在伊原无驻军，正式参战后，曾有少数负责运输对苏接济品的军队进驻，在日本投降后不久就全部撤退。英国的驻军，在战事结束后的半年中陆续离去，到去年三月二日按约撤尽。至于苏联军队，直到英军撤净时，仍维持七万人的庞大驻防数目。所以苏联在当时是显然的居于优势。但英美两国，尤其美国，不甘示弱。这是伊朗问题，在过去一年半以来一弛一张的根本原因。

伊朗北临外高加索与里海，南临印度，自十九世纪以来就是英俄两国所注目而视的地带。除了这种陆地上介乎两大的地位外，伊朗并且面临波斯湾，遥望红海与苏彝士运河，其位置的重要，不容列强不表示关切。所以进到二十世纪后，英俄两大帝国相约划定势力范围，除留中部为缓冲外，伊朗的北境归俄，南境归英。一九一七年俄国发生革命后，代起的苏联一时无力跳上国际政争的舞台，同时又有民族自决的潮流风靡全世，于是在两次大战的中间期内，英国也由伊朗退出，容它又成为一个十足独立的国家。但地理位置的影响，是无从逃避的，所以第二次大战爆发后，英苏又南北入占。航空时代的今日，过去列强争夺的许多军略焦点虽已丧失重要性，但地中海与外围的中东区域仍是一个必争的军略地带。英国虽已开始衰落，但同文同种的美国已经继起，凡冲要地区而英国无力维持的，美国无不出来维持到底。所以过去英俄争夺的伊朗，今日已成为美苏竞胜的舞台。

地理的位置已足使伊朗不得安生而有余，不幸它的地面之下又有二十世纪至宝的大量石油。"大小无罪，怀璧其罪"，小国也是一样，石油的宝藏使伊朗欲求与此无争也绝不可得。在面积相等的区域中，伊朗的油产在世界是最丰的。不计面积，以国为单位，伊朗也处第四位。今日产油最丰的国家中，美国第一，苏联第二，委内瑞拉第三，伊朗第四。伊朗的油权大部属于英国。一九〇一年一个英国人在伊境西南发现油矿，取得开采权，至今英国控制下的英伊石油公司握有伊境油业的霸权。后来美国的勘查家在东境发现油矿，于一九三七年也取得让予权。近年来大家渐知北境也有油可采，近邻的苏联认为这是责无旁贷的事，所以乘着进军北境之便而向伊朗提出要求。远在一九四四年冬，苏联已开始向伊朗交涉。伊朗在当初并未断然的拒绝，只称不能在外军压境时谈判让予的问题。苏联不听，继续要求。伊朗为表示坚决，于一九四四年十二月六日由首相向国会建议，禁止任何内阁阁员、部长或代理部长与外国官方或非官方谈判石油让予权问题或签订石油协定，违者处三年至八年有期徒刑，褫夺公权终身。这种严峻的法案，当时虽有少数议员反对，终究多数通过。至此谈判之门已闭，于是苏联方面传出消息，谓伊朗北境已经发生反德黑兰当局的运动。但当时大战尚未结束，所谓反当局运动云云，制造一种空气则可，若认真作去，究竟仍非其时。又过了将近一年，大战已经全部结束，到一九四五年十一月，在苏军占领下的亚塞尔拜然省果真起了革命，要求地方自治，领导自治运动的是旧日的伊朗共产党，至此已一变而成民主党。德黑兰政府派兵北上平乱，为苏联驻军所阻，但同时苏联又声明绝对不干涉伊朗的内政。英美在起初并未公开的表示态度，整个的问题陷于僵局。

条约所订最后外军撤退期限的一九四六年三月二日之后，英国首先向苏联提出抗议性的询问，三月七日美国又向苏联提出措词相当严厉的照会，要求苏军撤离伊朗国境。对于英美的照会，苏联不肯致答。同时，亚塞尔拜然省在自治的名义下，已等于脱离伊朗而独立。三月十九日，伊朗向联合国安全理事会申诉，请求解决苏伊之间的纠纷。苏联先要求安理会对于伊朗的申诉不予受理；失败后，又不肯出席会议，以示反抗。进入四月，虽有联合国的声援，伊朗决定暂时承认眼前的事实，与苏联签订协定，主要的条款有三：(一)在北境组织一个苏伊石油公司，苏联占有股票百分之五十一，伊朗保有百分之四十九；(二)二十五年后，两国平分公司股票；(三)德黑兰政府同意考虑亚塞尔拜然省的自治地位，并应许与该省自治运动领袖开始谈判。至此苏军陆续撤离，苏伊问题好似已经解决。

但德黑兰政府与亚省自治领袖的谈判始终无成，到去年五月中旬完全决裂。同时，美国明白表示，不认为苏伊问题已得到合理的解决。在此种情形下，伊朗内部谈判一经决裂，德黑兰与亚省就进入战争状态。自此时战时和，到今年春，亚省的自治运动已被扑灭，德黑兰的政府已又统一全国。此中有美国的协助，是显然的，苏联只有默认失败。至于去年所定的石油协定，始终尚未由伊朗国会正式批准，此事看来已经希望甚微，正如在希腊与土耳其一样，美国已占了上风。今后若有变化或新的发展，必须由苏联方面发动。只要有机会，苏联也必发动无疑。

在过去，国际间勉强维持均衡时，小国尚可在两大之间缓冲，苟且求生。在均势已破，两强尖锐对立的今日，凡不幸处于军略地带的弱小国家，都将不再有丝毫的独立自主可言。两年来成为篮球，被人夺来夺去的伊朗，清楚地证实此理。

（原载《独立时论》第一集，独立时论出版社，1947 年）

论美国在巴拿马受挫

　　去年年底，巴拿马议会的一致投票否决美国继续租用运河区以外军事基地的协定，在紧张复杂有如目前的国际社会，是一件重大的消息，足以影响美国在拉丁美洲的威望，足以影响美国对于东西两洋的控制力量，甚至也足以影响美国在全世界的地位。巴拿马是南北美洲之间的一个细而小的国家，国土是一个小的斜条，北为加勒比海，是大西洋的一部，南为巴拿马湾，是太平洋的一部。这个小国，讲到小，小得可怜：面积不过三万三千方哩，人口仅六十五万，只与较大国家一个中等都市的人口相等。国小且贫，没有陆军，没有海军，也更谈不到空军。这样一个渺小的国家而遭美国垂青，而被全世注意，就是因为连贯大西太平两洋的运河穿过它的国境。运河长约五十哩，是美国海军在两洋之间调动自如的必经咽喉。如无巴拿马运河，美国海军调动就须航绕南美洲，一旦有事，这将是缓不济急的一种航行半个地球的大迂回。美国今日之能东制欧洲，西控亚洲，一个重要的原因就是东西枢纽巴拿马运河的紧紧在握。在长距离轰炸机与原子弹的今日，巴拿马议会最近的否决案，是使这个紧握的局面松散化的一种行动，所以特别值得我们注意。

　　美国之控制运河区，至今已有四十五年的历史。巴拿马原为哥伦比亚国的一省，在一九〇三年忽然发生革命，十日之后美国就承认了这一省为独立国。对于这个革命，美国显然是预知的，实际恐怕还不仅是预知。正式承认后的五日，一九〇三年十一月十八日，美国就与巴拿马订约，主要条款有三：(一)巴拿马准许美国开凿运河。远在一八七八年就有一个法国公司作此计划，但未能成功，至此美国收买了这个法国公司的权益，自开运河。(二)划定运河区，在运河南北各五哩，包括海中的岛屿，永久租让予美国。(三)美国对巴拿马付有报偿，当时一次交付美金一千万元，此后每年付租金二十五万元，但规定由签约后九年开始交付。自此运河区实际成为美国领土的一部，整个巴拿马与美国的关系也密不可分，在事实上巴拿马的独立主权也就多少要受这种"密不可分"的关系的影响。

一九〇四年五月，美国军队开始进驻运河区，同时运河开凿的工程也积极进行，其间华工的贡献颇大，许多华工也就死于热带的黄热病之下。一九一四年八月十五日，运河开放，但工程尚未结束，正式开放是一九二〇年七月十二日的事。运河开成之后，美国在新大陆以及在全世界的地位，立刻大为提高。到一九三六年，美国又与巴拿马订立新约，把年租提高为四十三万元，并规定由一九三四年二月二十六日算起。巴拿马小、弱、贫，直接的由租金，间接的由运河区所引起的繁荣，在经济上受有实惠，也是无可否认的。

在飞机尚未成为重要武器时，宽有十哩的运河区就可以保护运河而有余。第二次大战爆发后，空军的重要性突飞猛进，美国感到运河有遭受侵略国突袭的危险。于是在一九四一年两国又签订了临时协定，美国在运河区以外的十哩范围之内，建设驻防十四处军事基地，包括最大轰炸机可以使用的一个空军站。这个临时协定，到本年一月十六日满期，但美国感到在普世处于武装和平的今日状态下，运河区以外的基地仍有继续保持的需要，于是在去年又与巴拿马政府商订延长十四基地使用期限的协定。不意这个已经商订并且已经签署的新协定，于十二月二十二日在巴拿马议会中被全体议员一致投票否决。这是百余年来美国在新大陆所向未遇到过的外交失败，令人不胜惊异。美国最少在目前并无方法可想，只有强示镇静，并开始自租用即将满期的基地撤兵，据最后的消息，至一月十八日为止，十二个基地已经撤净，其余两地也在准备撤退中。如无意外的新发展，美国在巴拿马的地位又将恢复旧观，被局限于原有的十哩之宽的地带。

大制小，强控弱，本是国际间的常事，但控制的方法可以不同。在人类实际的经验上，控制之道似乎可分三类。第一类完全用霸道，像过去日本与德国所为，最为直截了当，当然也最招人反感。第二类为权谋与霸道兼用的办法，像最近两年来在东欧各小国所见到的情形，其可怕远在纯粹的霸道之上。第三类为以正常外交为主，以小施权谋为辅的缓和办法，可以取人家国于不知不觉之中，往往使被取者于觉悟时已无能为，这是国际政术的最上乘，也是最难运用成功的。必须轻重得宜，处处谨慎，方能有成；偶一疏忽，就要受挫，甚至前功尽弃，自陷于啼笑皆非的境地。美国在过去百余年来，三种方法都曾用过。例如对于墨西哥，就曾屡次采取霸道的政策。再如在摆布哥伦比亚国的巴拿马省独立时，所用的就是霸道与权谋兼施的策略。但最少在最近二三十年以来，美国所标榜的是正常的外交，对于前两类办法已经表示摈弃。直到第二次大战时期为止，美国这种政策推行非常顺利，像广土众民有如中国的而对美国一致表示好感，没有丝毫怀疑，这可说是史无前例的外交成功！但大战以后，情形突变。在不久之前，暹罗发生政变，把美国所苦心经营自以为十足把稳的一个局面，轻描淡写地一笔勾销，使华府除消极地不承认新政权外，一筹莫展。这个挫折已够严重，然而东亚大陆也已够混乱，暹罗的稳握与否在目前关系已不甚大。最近在巴拿马所受的挫折，却无疑的是心腹之患，暂时无论如何的强作笑颜，最近的未来非谋求解决之道不可。在国际情势微妙有如今日的情形下，若在巴拿马制造革命，像一九〇三年所为，危险性未免太大，当不致出此下策。据巴拿马某要人的谈话，此次巴国议会的一致否决新约，是因为美国在最近交涉时，态度言词过度进取，引起巴人的反感。若果如此，美国的痛快撤兵，可能是以退为进，希望藉此消除巴人的疑惧，使巴人回心转意，这一个短的时期之后，再考虑与美国重开谈判。此外，华府方面又发出要在尼加拉瓜或中美其他地方另辟运河的消息，使巴人感到遭受财政经济损失的可能，也是颇为巧妙的一种攻心之法。另开运河，在过去时常有人谈到，在理论上也甚有可能。但那是旷日持久的办法，不能应付顷刻万变的国际现状，外围扩大的巴拿马运河仍是美国所最希望的。近在去年年尾，美国政府尚向国会建议，核准二十亿的巨款为巴拿马运河的改善经费，使运河可以不怕原子弹的轰炸，可见美国绝不会轻易放弃巴拿马而另辟运河。此事究将如何发展，可以影响世界整个的局面，值得我们时刻的予以注意。

（原载《益世报》1948 年 2 月 3 日）

号角响了，曾受美国教育的自由分子赶快看齐

本月十日，美国国务卿马歇尔在答复记者询问时，称："美国对华政策，仍为企求该国能有一更广大基础的政府。杜鲁门总统曾于一九四五年十二月十八日声明此点，根据此项声明，所有党派应共谋解决其异见。自该时期以还，美方未再发表对华政策。"但马氏又补充一句说："共党目前既已公开向政府叛变，美国未便指定条件，应由中国政府予以处理。"马氏的词句大体仍是不厌其烦地弹了已经两年的旧调，只是关于所谓扩大政府基础时究竟是否仍如两年前所坚持的包含共党在内的一点，含混其词，令人莫测高深，但给人的印象，最少是没有否认此点。这恐怕是中国所关心时事的人，无论属于何党何派，或无党无派，都很乐于闻知的，因为这最少叫我们知道美国的政策两年以来并未改变，各方都可依此自作打算。

然而出乎意外的，次日杜鲁门总统发表谈话，说："美国政策绝非坚持中国政府包含共产党人在内，并且也从未希望共产党参加中国政府或其他任何政府。"杜氏并进一步，坚称马歇尔从未建议将共产党包含于扩大后的中国政府。这真使我们惶惑了，自己与自己的第一把助手，所曾屡次郑重申说的事，一旦竟可推得一干二净，我们只能说这是"贵人多健忘"了，同时，国务院也发表了一篇正式声明，解释国务卿前一天的发言，既未像总统的干脆否认前言，也未说出一句明白话，兜了许多圈子之后，我们仍是不知声明的用意何在。我们不禁地要怀疑，美国这两位最要的要人是否事先商定故意制造一串的谜，使别人永不得猜透！

但在一点上，杜氏的发言无谜可猜，清楚极了。他说："中国

共产党与自由分子两名称之间具有若干混淆。共产党员为相信自上级经由极权政府治理国家的人，但中国颇多自由分子，其中许多人曾在美国受教育，吾人希望此辈人士能包括在中国政府扩大的基础中。"好了，心坎的话已经说出来了，美国教育的无穷妙用当无人再有丝毫的怀疑了。过去也曾有外人号召中国的自由分子奋起，许多难得天真的人居然相信那是出于个人的热心，与任何方面用意深远的政策无关。现在机关点破，幕已揭开，凡属曾受美国教育的自由分子当可毫无保留地自拍自庆：我生何幸，而为自由分子，并且还是受过美国教育的自由分子，前途头头是道，处处光明，好不开心煞人也！祖国如此不竞，山河如此残破，尚有何可留恋？把它当作一只破鞋丢掉算了。花旗招展，景象万千，令人如何能不一心向往？过去有人曾走日本路线，有人曾走德国路线，有人曾走苏联路线，及今想来，那都是如何的可怜？那安能抵上美国路线的万一？有的是钱，有的是势，有的是民主，有的是自由，有的是四者合而为一的靠山，何物中国政权，还不是马到擒来！识时务者为俊杰，花旗为记的号角已在响了，凡有抱负的人赶快看齐罢！

不过有一点，忽然想起，不能不提请注意。今日中国政府中，岂乏受过美国教育的分子？但说来也奇怪，只要一进入政府马上就丧失"自由分子"的资格，立刻就染上"反动""贪污""无能"甚至"法西斯"的嫌疑。为保有"自由分子"的清名，为维持吹号角者的恩宠，自由分子最好是永远站在局外，从旁多说风凉话，在相抵相销上多下功夫。那才不辜负彼方千辛万苦所施的自由教育，那才合乎施政者不可告人的最高要求！

（原载《周论》一卷十期，1948 年 3 月 19 日）

认识美国对日政策的一贯性

　　近来美国扶持日本的政策日愈显著，美国似将不问其他主要对日作战国家的态度如何，而自行负责赐予日本正常的承平地位，把签订和约的手续根本免除。日本公民将要获得出国旅行的权利，赔偿的要求将要大打折扣，日本并将获得美国大量的信用贷款。美国显然的是要将日本建为西太平洋的一个经济堡垒与军事重镇，用以控制北亚、东亚与东南亚的大陆。在中国，许多人对此发生突如其来之感，有的人在日常谈话中或在报章文字中甚至专门给自己拆台，专门为他人开脱，说美国如此作为，是因为中国太不争气，不能成为美国的坚强有力的友邦，美国迫不获已才去扶持日本。作此说的人如果诚恳，其理智大有问题；如不诚恳，其用心真不堪问。我们必须头脑清醒，须知美国的扶持日本是在日本未败以前就已决定的政策，正如近年来在中国的一切举措是抗战未了前就已决定的政策一样。例如前耶鲁大学教授斯皮克曼氏，一向对于广土众民的中国不能完全放心，在珍珠港偷袭之后，仍然主张日本并不可怕，只要把它战败就够了，至于中国的富强则是令人不能不担心的发展，美国最少不能扶持此种可能的发展。我们如果认为这是斯氏个人或少数人的怪论，那就又错了。我们只要详读斯氏一类人的文字，再细心观察近年来的实际措施，其吻合处使人不能不感到惊奇。

　　专就战事未了时而论，我们或者还记得在一九四四年十二月罗斯福总统任命格鲁为副国务卿时所引起的舆论界的波澜。格鲁为职业外交家，在战前任驻东京大使十年，经外交人员交换返国后，不久即继中国通霍恩贝克氏为国务院远东司司长。格氏著有《东京归来》一书，报告大使任中的经验，全书的结论中有一段话，颇惹美国以及国际许多读者的注意：

> 你想，假如我不知道日本人除去是强而有力的军人外，还具有其他良好的品质时，我还会以全副力量，经年累月的奋斗，以防止战争么?我希望美日两民族间，不要有仇恨的传统；不管日美间的友谊如何淡薄，我总以为它是值得保存的传统。

上引的一句话，其他相类的字句，以及全书各部中所流露的对于日本的热烈同情，使战时美国相当自由的舆论对于格氏的出任副国务卿颇表示惶惑，认为在日本尚未战败前，美国就已在布置如何使日本复兴。在当时虽也有人看为这是过虑，但即今想来，来龙去脉，都很清楚明白。初期入占时对于日本的严峻作风，是必不可少的节目，是题中当有的文章，最近一年以来日愈显著的扶持，姑息，与爱惜，才代表真正的政策。他人对于中国的种种表现，何者是作戏，何者是当真，我们也当如是观。

最近美国当局的对华政策，正在遭受国会的批评与修正。当局要拖，国会要援助。当局要推行新政策，国会认为五十年来的中美友谊弥足珍惜，不可让结果难测的政治权谋把此种友谊毁灭。这两种根本不能相容的政策，今日正在并行的实施，但如此矛盾的现象是难以持久的，不太远的未来一方面必占上风。我们自己究当如何应付，以渡难关，也不似许多人所想的那样简单。我们努力向上，则遭人忌；我们上人圈套，终日互相抵消，则遭轻蔑。只有政府当局下大决心，彻底改革；只有全国上下痛自觉醒，公而忘私，才有挽回悲运的希望！

（原载《周论》一卷十三期，1948年4月9日）

北大西洋联防在酝酿中

在柏林僵局不能打开的紧张状态下，七月上中旬间西欧五国联盟各国的代表与美国及加拿大的代表在华府开会，商讨对策。据七月中下旬间透露出的消息，北美的美加两国与西欧的五国可能要在北大西洋区域实行联防。消息并不清楚，恐怕也是故意的叫它不清楚，使苏联摸不着头脑。对于这件事，我们可以有或深或浅的许多层次的看法。

第一，最浅的与最明显的看法，这是一种姿态，作给苏联看，这仍是两年来冷战中的一个节目。这个看法当然是对的，即或背后还有更深的意义，作姿态给苏联看也是很重要的一个附带作用。此点大概无人否认，不必多论。

第二，一个比较严重的可能看法，就是所谓西欧北美联防是英美在准备作战的表示。柏林问题，的确危险万状，随时有由冷战变为热战的可能。就欧陆的态势言，苏联是占最绝对的优势，战争的危险既然存在，英美就不能不作万一的准备，以免临时措手不及。最近如不幸战事爆发，主要的战场必在西欧与地中海。若再过几年，北极上空将是一个大的战场，但今日双方，尤其苏联，似乎尚无足够的远程轰炸机队使他们能够在那冰天雪地的世界一决雌雄；今日若作战，欧洲大陆的地面，地中海的海面，与这两处的天空的控制权，将是双方争夺的主要对象。美国因远处大西洋的彼岸，所以必须与大西洋此岸的各国预先取得密切的技术上的联系，将来才能应付急变。看到日前美国的轰炸机群又飞到英伦去"练习"与"访问"，使人恍然如置身于三年前纳粹尚未投降时的世界。我们希望这都是我们的神经过敏，我们希望背后的情形并不像表面的情形那样严重。

第三，一个不似上面那样严重，而比上面还要深刻的一个看法，就是北大西洋两岸各国的联防，代表一种历史的自然发展，柏林封锁事件不过是早日促成此种发展的一个契机而已。我们日常所称西洋文化，就是自中古以下在西欧发育生长起来的文化，今日主要代表这个文化的就是大西洋两岸的西欧与北美。在代表另一生活方式的苏联日愈强大所造成的对立局面下，西洋世界很自然的趋向于在最大最富强的美国领导之下走上密切合作以至于实际混一的道路。这不是任何人愿意或不愿意的问题，而是时势所迫的自然发展的问题。但在这个大西洋的世界里，就各部分与美国的关系而言，也有层次深浅的不同。关系最深的就是加拿大，我们如果说加拿大今日等于美国的一部分，并不能算太过火。但我们要慎重，要公平，千万不可搬出帝国主义阴谋侵略的那一套口头禅，世界上有许多地方把侵略之名加给美国而毫不冤枉，加拿大却不是这样的一个地方。美加同文，同种，同环境，大体也同历史，两国间今日的密切合作是本于双方的利益并出于双方的自愿的，美国绝未因强大而对加拿大施以压迫。他们互相之间完全是一家人的心理，许多事情是靠心照不宣的默契去作，根本无需讨论或正式签约。我们都知道，一家人感情无论如何融洽，有时也不免会斗小气，我们若把美加两国有时斗小气的事件过度看重，那将是最可怜的错觉。

与加拿大相近而关系略微疏远一点的就是英国。就大轮廓的同文同种言，英美也是一家。但两国究竟隔着一个大洋，自然环境不同，历史的发展也不尽同。我们若说美加等于一国，我们可说英美无形中已合成了一个二元国家，互相扶持，在大问题上无不合作。我们可看美援：得援最多，条件最客气的就是英国。英国若真有需要,美国只要是可以为力,无不尽量帮忙。凡遇英国海外帝国某一部分不能维持,只要是重要的政略或战略地带,美国无不挺身而出,替英国维持,英国也无不乐意的让美国去替它维持。英美之间有时可以发生问题,但任何问题都好解决,只要一方坚持,对方无不让步。英美之间无论发生何种问题,绝无第三者从中取利的机会。

西欧各国与美国的关系又疏远一层。但对西欧,美国仍肯卖力气,仍有善意的感情。今日美国的援助西欧,保卫西欧,固然是为自己打算的成分相当浓厚,但其中的确有因文化渊源关系所产生的热情。在西欧以外,我们很难想象美国对世界任何地方尚有热情。在所有其他的地方,美国的政策都是以利益为出发点;只有在西欧,除利益外,感情还是影响美国政策的一个因素。

今日在利益与感情的并行推动之下,美国要把大西洋两岸组织成一个可与铁幕后的世界对立的力量。这个组织将要采取何种方式,尚很难预料;但我们可以推论的,就是即或柏林的危险不引起战争,北大西洋各国的联防系统恐怕也是要建设完成的。

(原载《周论》二卷三期,1948 年 7 月 30 日)

由西藏派代表赴美说起

——美国接收大英帝国的又一例证

七月中旬，西藏代表六人到了华盛顿，与美国探讨发展贸易的问题。此事中国政府预先并不知道，其事来得可谓非常突然。假定阿拉斯加或夏威夷于神不知鬼不觉中派代表到莫斯科去谈贸易，不知华府将要发生何种反应。中国政府的反应可怜得很，我们除了由外交部向美国正式抗议外，可说是一筹莫展。美国究将如何答复我们的抗议，不得而知，就马歇尔对中国的一贯作风而加以推论，他根本不正式答复，也甚可能；反正前例已经造成，今后"拉萨"在国务院的参考资料中将开始占据不少篇幅，自顾不暇的中国又有什么好办法可想？

不过华府如果认为中国的抗议还值得答复的话，也很容易答复。印度仍在英国治下时，印藏之间不是早已发生不明不白的外交关系么？对于私通英印，中国既然无法可想，私通华府又有何不可？中国又何必如此小题大作，向有一百多年和好传统的友邦提出抗议呢？

第二次大战以来，英伦无力继续维持的大英帝国，已在逐渐的由美国接收。地中海，希腊，土耳其，巴力斯坦，阿拉伯世界，伊朗——这些地方美国已都从英国手中接防过来。但印度，据说是英国已经退出，美国也没有进去，所以中国人总以为今后西藏可在中国的主权下安稳地自谋生理。然而现在事实证明，盎格罗萨克逊民族对于西藏并未忘情。这颇使我们怀疑，所谓退出印度者，其最后的意义究竟何在？今日印度与巴基斯坦间的大体相安，究竟是预计的结果，或意想不到的发展？对以上这些问题，我们本来就不能全无怀疑，最近西藏的突发事件更加挑动了我们怀疑的心情。美国对于大英帝国的接收，似乎是有全面性的：自治领也好，殖民地也好，势力范围也好，只要其地稍有可取，美国直接的或间接的一股脑都接收过来。连西藏尚未被遗忘，世界上可被遗忘的地方也就微乎其微了。试思在大战期间，美国曾替我们把东北卖掉，现在它自己又对西藏打主意；我们很愿意知道，下一步友谊的表示，将在何地演出！

一般中国人，尤其读书人，尤其知识最高的读书人，对美国本是富有幻想的。近几年来美国不知是故意的或无意的，不必需的或不得已的，似乎是专门与这些人开玩笑，使他们欲保留些微的幻想而不可得。这可能仍然是出于善意的。美国一向以曾教育出中国大批的知识分子自豪，现在它或者认为过去所施的教训过度抽象，容易制造幻想，现在决心用最具体而无从误解的事实作为补充教材，使它的学生们接受完整无缺的一套教育！

（原载《周论》二卷三期，1948 年 7 月 30 日）

欧洲统一问题

　　八月下旬，法国政府建议西欧联盟的五国，就是英、法、荷、比、卢，开会讨论全欧各国进一步联合的问题。美国国务院的发言人立刻声明赞助。九月初，西欧十三国的代表二百人在瑞士境内的因特拉肯开欧洲议会联合大会，九月二日提出议案，请付讨论，大意如下：

　　　　我们认为现在时间已经成熟，欧洲各国应当成立一种经济与政治的联合，各国把自己主权的一部转移予一个新的全欧的政权，以便由公同的政治经济行动去调整，计划，与发展公同的资源。

　　具体的计划，大致根据北美合众国立国时的办法。联合议会分上下两院：上院议员以国为单位，参加各国不分大小，议员数目相等；下院议员，各国数目不等，其比例与分配方法另定。行政权属于一个联合委员会，委员会自选主席，并向议会两院负责。最高司法机关为最高法院，处理有关条约案件，宪法解释的问题，各国间的纠纷，及与整个联合机构有关的司法问题。各国间的关税全部废除，整个联合机构只有一个公同的对外关税。联合机构并得答应新国加入机构。

　　在变化太多消息太乱的今日世界，上面一段消息，猛看起来，或不免显得突然。其实我们若静心想一想，就可知道这不过是旧事重提。太远的过去不必说，只在第二次大战期间，最少就会有过三个相类的计划、说法或企图。在一九四〇年夏，法国战败屈服之后，纳粹认为最后的胜利已无问题，于是提出统一欧洲大陆的计划，西面把英国除外，东面把苏联除外，整个中欧西欧的大陆，在德国的主持之下，要组成一个欧洲联邦。当时苏联仍是纳粹的盟邦，对此未置可否。英国当然不肯示弱，表示最后必可战败纳粹的信心，并假借牛津大学一位教授的口，提出一种半官方的计划，将来打倒纳粹后，要组织一个西欧中欧联合国，包括战败而民主化的德国在内。

　　一年之后，苏联已因纳粹袭击而参战，美国虽尚未加入战团，但也已在积极援助英苏的方式下等于参战——就在此时，一九四一年九月，同盟国第二届会议在伦敦召开，欧陆各国的代表在会中通过议案，正式"呼吁英美，能于战后对欧洲采取善意的保护制，确保德国不再挑起另一世界大战"。关于这个呼吁，所可注意的，就是另一强大的同盟国，苏联，并非呼吁的对象；字里行间，很容易看出，各小国是怕德国再起，但同时更怕莫测高深的苏联；德国若已打倒，尚可设法使它不能再起，胜利国之一的苏联的可能威胁，却只有靠英美来帮助抵挡的。

　　绝对主权国的观念，在今日的欧洲已经无法维持。过去大国较多，并且大国与小国之间力量的差别并不太大，小国尚可在国际均势制度之下维持真正的独立与主权。今日大国只剩下两个，并且大小之间的分别已不再是程度的不同，而可说是类别的不同，今日小国而仍图维持独当一面的独立，岂不等于白昼作梦？

　　依小国的本心，当然愿意继续独立自主，但完全自主既不可能，只有两害相权而取其轻。在美苏两大中，美国与中西欧各国在文化上是一脉相通的，在美国的笼罩下组成一个欧洲合众国，精神上尚不感到过度的痛苦。至于俄罗斯文化，其主流来自希腊教，与发祥于罗马教的西欧北美，在根本精神上甚难融合，今日所谓资本主义与社会主义的对立，只不过是此种根本分别的二十世纪式的表现，任何主义就其纯理论的方面言，都是不相干的事。今日的西欧，即或是采纳社会主义，除非是由变相的第三国际标榜的共产主义，苏联不会承认的。反之，苏联即或放弃共产主义而恢复资本主义，除非成为华府的附庸，美国也不会认为满意的。今日的论客，尤其中国的论客，每多拘泥于表面的名相而忽略根本的事实，对于大的变动往往不能获有正确的判断。中西欧在美国监护下联合的运动，方才开始，前途的发展如何尚不可知，但这个运动值得我们密切注意，在注意的过程中并且必须放弃任何一套现成的口头禅，方能正确认识每一步的发展。

（原载《周论》二卷九期，1948 年 9 月 10 日）

联合国纪念日

　　十月二十四日为联合国宪章实施的三周年纪念日，世界各国皆定此日为"联合国日"，以示纪念，我们中国特别表示重视此日，前不久曾由政府明令定为国定纪念日。在人类都希望联合，在外交人员都用外交术语拥护歌颂联合，而实际的世界日趋分裂的今天，国际机构的整个问题的确值得我们放弃不切实际的幻想，撇开混乱是非的术语，心平气和地考虑一番的。回想三年来的种种，对于联合国机构我们大概都可承认下列三点：一、联合国机构，就其计划与组织言，虽非尽善尽美，也总算难得，问题只是这个机构并未按原意而充分加以利用；二、联合国机构似乎缺乏足以制裁侵略或防止战争的实际力量；三、联合国机构似乎已成了美苏两国的争辩场所，别国都成了帮闲的角色，有时甚至连帮闲都谈不到，只能说是两雄相争的一出惊险剧的喝彩的、叫倒好的或不甚开心的观众。

　　第一，把联合国看为一个维持国际和平的机构，若由理论上吹毛求疵，其中可以指摘的缺陷恐怕很多，但大体上这个机构不能算坏。并且古今的一切政治机构，无论国内的或国际的，在理论上向无达到至善之境的可能；机构实际是次要的，主要的还是看如何运用。表面上同样的机构，在此地可以运用成功，在彼地可以运用失败。在理论上相当完善的机构可以运用失败，在理论上荒谬不通的机构可以运用成功。无论研究过去的历史，或观察今日的世界，我们都可很清楚地看出上面的道理。无论理论上如何，在事实上可说没有必定成功的制度，也没有必定失败的制度，"事在人为"的一句老生常谈的确含有超乎一般所想象的至理。就政治言，国内政治尚且是一种各方时刻妥协的活动，国际政治更无一方面任何完善的立场占得优势的可能。如果各国的政府，尤其两大强国的政府，决心利用联合国的机构而达到和平的目的，国际和平就必可维持，否则一个天衣无缝的联合国也不过是一只告朔的饩羊而已。

第二，第一次大战后的国际联盟没有自己的武力，而须依赖会员国的军队防止战争，会员国若不肯出力，国联就完全束手无策。第二次大战晚期的各盟国有鉴于此，于是在计划新的联合国机构时决定要成立一个国际武力，在制度上这是胜过旧国联的一点。但我们却又不可忘记，没有武力的旧国联在"九一八"之前也曾解决过许多可以引起战争的国际纠纷，日本侵略中国东北三省的事件发生后，国联的多数会员国仍诚恳地想用正义原则谋求解决，无奈少数强有力的国家另有自己的想法，对事件的解决全不热心，热心而无力的多数会员国只有徒唤奈何。可见少数大国的合作与否，热心与否，是战争与和平的最后决定力。有一个国际武力，当然方便许多，即或无此工具，也未见得和平就不能维持。今日的联合国，在当初计划上虽有武力的设施，然而就是因为强有力的国家不能合作，这个国际武力仍只是计划而已，至今尚未成立，也没有能够成立的迹象。

第三，旧国联无论如何的以大国为转移，但在许多事务上与在各种的会议中，小国仍有它们不可忽略的地位。一方面小国尚有它们理直气壮的自信心，一方面大国对小国也尚有些微的客气，未把小国完全当喽啰看待。今日联合国中的小国却满是一副可怜相，有的甘心作附庸，有的被迫作附庸，有的被利用作附庸而不自知，实际五十几个国家只是干望着两个大国争吵不休而丝毫不能为力。两个大国，一个相信"有钱可使鬼推磨"，赖着自己得天独厚的富庶就可囊括世界，一个相信"人尽可欺"，认为词令与宣传就可诱使天下归心。总之，两大对于小国都采取玩弄的策略，只是玩弄的方式各自不同而已。

在联合国纪念日，按理应当只说歌颂称赞的话，但世界各地，尤其联合国机构的圈子之内，这几日大概都在异口同声地称誉，似乎不妨有人出来，不参与近日清一调的一片赞美声，而说许多人日常对于联合国机构心中常想到而口中未说出的几点疑虑。

（原载《周论》二卷十六期，1948 年 10 月 29 日）

"泰山崩于前"的时候

　　第二次大战以来，国际的局势始终不得安定，各国内部好似是治丝益棼，一波未平，一波又起，人心一向所认为大致稳定的世界似乎有全部瓦解之势。在整个苦难的世界中，中国恐怕可以代表苦难的极点。最近国内局势的急速变化，更使许多人惊慌失措，真有似古人所谓"泰山崩于前"，整个世界土崩瓦解的模样。少数人的东奔西逃，仅是此种心境最表面，最显著，也可说最幼稚的表现，许多身居原处的人，其心不知一日要翻几个一万八千里的筋斗，其彷徨无措的程度也不在凌空飞逃的人之下。然而愈到此时，我们愈当心平脑静，反躬而求诸己，只有反求诸己才能摈除过度狭小的自我打算，才能把自己的地位，把整个的问题，把自己与全局之间的关系理解清楚，也只有如此才能内对自己外对全局得到正确的判断与估价。若不如此，一个人就或者麻木不仁，或者只作本能的肤浅反应，都不合乎根本的作人之道。

　　歌德的一生，经过多次的战乱、革命与其他种类的大小纷扰，他每在外事令他心烦意乱以致难以自持时，就故意地勉强自己去研究一个科学的、哲学的或比较专门的历史上的问题，如此他就能恢复有如平时的哲学透视，再返转来判断与应付眼前乱人心意的事务时，已能心平气和，能只从大处着眼，从全体观察，一切私利的考虑与本能的反应已都烟消与云散。这绝不是逃避现实，这正是最彻底的正视现实与把握现实。只有钻进象牙之塔乐而忘返的，才是逃避主义，而歌德却可说是努力寻找正门与大门而进入现实的领域的。人格各自不同，每个人格都是"无双"的，歌德的方法不见得每个人都能适用，但非常之下反躬而求诸己的大原则，却是古今中外不移的真理。本刊本期特别登载两篇讲到人格、人性与根本人生的文字，一篇为国人自撰，一篇为介绍今日西哲的说法，希望能引起读者的注意与指教，另外，一篇专谈恐惧心理的文字，或者更切合今日的需要。

（原载《周论》二卷十九期，1948 年 11 月 19 日）

www.ingramcontent.com/pod-product-compliance
Lightning Source LLC
Chambersburg PA
CBHW041159150726
48006CB00016B/2040